U0929500

本书获广东省软科学研究计划项目“广东农业转基因技术扩散机制及政府管理政策研究”（项目编号：2015A070704043）资助

转基因番木瓜的经济学评价

ZHUANJIYIN FANMUGUA DE JINGJIXUE PINGJIA

薛春玲 郑玉亭○著

图书在版编目(CIP)数据

转基因番木瓜的经济学评价/薛春玲,郑玉亭著.—成都:西南财经大学出版社,2020.3
ISBN 978-7-5504-4293-1

Ⅰ.①转… Ⅱ.①薛…②郑… Ⅲ.①转基因技术—应用—番木瓜—经济评价—研究 Ⅳ.①F307.13

中国版本图书馆 CIP 数据核字(2019)第 298989 号

转基因番木瓜的经济学评价

薛春玲 郑玉亭 著

责任编辑:李晓嵩
责任校对:杜显钰
封面设计:何东琳设计工作室
责任印制:朱曼丽

出版发行	西南财经大学出版社(四川省成都市光华村街 55 号)
网　　址	http://www.bookcj.com
电子邮件	bookcj@foxmail.com
邮政编码	610074
电　　话	028-87353785
照　　排	四川胜翔数码印务设计有限公司
印　　刷	四川五洲彩印有限责任公司
成品尺寸	170mm×240mm
印　　张	11.75
字　　数	226 千字
版　　次	2020 年 3 月第 1 版
印　　次	2020 年 3 月第 1 次印刷
书　　号	ISBN 978-7-5504-4293-1
定　　价	88.00 元

前言

在国际上对转基因植物安全性问题争论不休的背景下，世界各国仍继续大力推进其产业化进程，力争在未来农业科技国际竞争中占据主导地位。这也是各利益主体追逐农业生物技术产业带来的巨大利益的必然诉求。在转基因生物技术迅速发展及转基因作物种植面积迅速扩大的形势下，对转基因作物进行经济和社会效果评价不仅是政府关注的问题，也是科研单位、公共组织、相关企业和个人十分关注的问题，并成为迫切需要加以解决的问题。因此，我国在促进农业生物技术发展的过程中，除了应加强转基因安全评估与管理之外，也急需对其经济影响进行全面的研究与评估，以便在制定农业生物技术发展重大政策时做出准确的、科学的判断。

番木瓜（Carica Papaya L.）在热带和亚热带地区广泛种植，营养丰富，是当地居民普遍食用的作物。番木瓜环斑花叶病毒（Papaya Ring Spot Virus，PRSV）引起的病害是世界上番木瓜生产的一种毁灭性病害。华南农业大学植物病毒研究室经过多年研究，获得了高抗的转“PRSV Ys”株系复制酶基因番木瓜品种

“华农 1 号”，于 2006 年和 2010 年分别获得了在广东省和华南地区商品化生产的安全证书。番木瓜成为我国首例批准商品化生产的转基因果树植物，标志着其作为可直接食用的水果蔬菜提供给消费者选择。这对我国农业技术科学发展和农业经济发展以及居民生活都具有深刻的影响。

本书以转基因番木瓜为研究对象，建立全面评价转基因番木瓜的经济影响和分析模型。本书从生产者角度，全面评估转基因番木瓜商业化以来的经济及社会影响，深入研究其发展对生产、需求、市场价格以及农民收入等的影响；从消费者角度，分析转基因农产品的市场接受水平的影响因素和作用机制。本书研究的目的是通过在转基因番木瓜的生产实践过程中，对农民和消费者做出种植与消费选择的行为进行分析，获得相关生物技术在番木瓜的收益和潜力等方面的精确信息，为管理部门制定其他转基因农作物的商业化发展策略提供科学依据，确保国家未来制定的农业生物技术发展策略能最大限度地符合国家利益和消费者利益，并丰富农业技术经济学的研究方法和理论。

根据上述研究目的，本书主要包括四个方面的内容。第一，围绕转基因番木瓜技术的发展和商业化不断推进过程，分析转基因番木瓜的研发路线图，探讨转基因技术的发展规律；第二，研究农户社会关系与农民技术采用的关系，从农户社会关系网络的层次，分析群体规模与农户技术采用的相互关系和规律，探明农民对生物技术采用决策的影响因素；第三，利用在转基因番木瓜生产地域的农户调查数据，分析转基因番木瓜在微观层次上对农户投入和产出的影响；第四，通过对广东省三个城市的家庭调查数据统计，分析消费者对转基因技术及国家管理政策的了解情况、消费者对转基因食品的接受程度和购买意愿。通过上述四个方面的研究，本书完成了转基因番木瓜商业化的经济分析。

本书通过研究得到如下几项结论：第一，中国转基因番木瓜商业化产生的影响主要在国内。农户种植转基因番木瓜提高了产量，减少了农药使用量和劳动力投入，对提高农民收入有积极的促进作用。在管理上，因为番木瓜不属于主要农作物，针对转基因番木瓜种子种苗市场的管理缺失，损害了正规种子公司和种植农户的利益。没有给农户提供规范的种植方式及技术指导，使种植番木瓜的成本上升，造成番木瓜常规种植地区的总产量下降。第二，农民的年龄、受教育年限、家庭收入、种植番木瓜的面积和种植经验、对农业信息的获取以及对转基因技术的认知等因素，对农户选择转基因番木瓜技术具有显著影响。第三，转基因番木瓜扩散速度和消费者对转基因食品接受程度，显著影响着转基因番木瓜收益水平。我国消费者对转基因番木瓜的接受程度较高，为转基因番木瓜商业化提供了市场保障。实行转基因产品的强制标签制度将显著减少其商业化带来的利益。第四，消费者态度在所有因素中具有关键性的影响，消费者越是接受转基因食品，越会倾向于购买转基因食品，消费者对政府、媒体的信任水平以及信息获取时间同样对购买行为有显著影响，能够增加消费者对转基因食品的接受程度，促进消费者购买转基因食品，最终构成市场需求，而价格和收入不再是主要的影响因素。第五，从生产者和消费者的行为与态度可以看出，转基因番木瓜商业化进程不可逆转。第六，政府应充分论证转基因作物生产的食品及环境安全性，推动并加强公众对多层次生物技术的理解和正确评价，主动引导并促进转基因作物的商业化进程；加强相关转基因技术的法律法规宣传，强化转基因食品的标识，提高消费者对转基因产品的信心。

薛春玲　郑玉亭

2019 年 9 月于广州

目　录

1　导论

1.1　研究背景

1.1.1　全球转基因作物种植面积在激烈争论中不断增长

从1973年美国斯坦福大学的斯坦利·科恩教授（Stanley N. Cohen）首次开发成功转基因技术以来，转基因作物问世已超过40年，全球转基因作物实现规模化生产应用也已超过20年，转基因作物种类、种植面积仍在不断扩大。1983年世界首例转基因植物（Genetically Modified Plants，GMP）转基因烟草在美国华盛顿大学培育成功，1986年转基因农作物在美国获得批准进入田间试验，1994年美国卡尔京（Calgene）公司培育的延熟保鲜转基因番茄首次被批准商业化生产，1996年转基因抗虫棉花和除草剂大豆在美国获批大规模种植，1997年转基因作物开始在南美洲和亚洲的一些国家或地区大规模推广种植。

自从转基因技术开始商业化以来，"转基因安全"问题便成为世界农业科技发展争论最为激烈的焦点之一（Conner等，2003）。对转基因技术的争论，已远远超过了技术本身的内容和技术的安全性问题（张彩萍和黄季焜，2002）。该项争论涉及食品安全、生物安全、社会经济影响以及知识产权和贸易壁垒等（FAO，2000），从单纯的科学技术领域扩展到经济贸易和社会、政治领域（朱祯和刘翔，2000；黄大昉，2002）。争论的起因既涉及经济利益和国家利益，也有科学技术问题（贾士荣，1997；朱祯和刘翔，2000；彭于发等，2002）。温思美教授对这场争论曾做过归纳（2002）：就技术而言，现代生物技术本身还不成熟，因此存在许多不确定性；理论和方法论正处于演进之中，科学家虽然知道其基本轮廓，但对这一技术的微观领域仍有不同的看法，其演化路径尚不十分清晰；在经济上，与"绿色革命"不同的是，这场革命的潜在成本收益尚未得到科学和经验的验证，对不同经济主体的影响也有待进一步研究，对世界经济格局的潜在影响也初露端倪；从社会和政治方面考虑，生物技术对传统农业文明和农村社区的影响几乎还没有任何明显的科学证据；在伦理方面，人们担心的是这种“超级”技术对人类千百年来建立的文明和伦理准则可能产生潜在冲击以及这种潜在冲击是否具有破坏性。笔者整理发现，近年来与转基因作物相关的争议和讨论已经涉及转基因作物能否产生廉价的食物、饲料和纤维；转基因作物能否对可持续发展做出贡献；转基因作物能否通过减少二氧化碳释放来缓解气候改变以及转基因作物能否有利于粮食安全并缓解贫困和饥饿等全球性问题。

尽管国际上对转基因农作物问题争论不休，但转基因农作物的产业化速度却并没有放慢。转基因农作物种植国家及种植面积都迅速增长，转基因农作物种植面积的增长率可以反映出全球对转基因农作物的接受情况，其增长之快显示出转基因技术良好的应用前景和商业价值。从《中国生物工程杂志》刊载的国际农业生物技术应用服务组织的全球生物技术、转基因作物商业化发展态势信息可以看出，1996—2017 年，转基因农作物种植面积的每年增长速度在10%以上，2017 年达到 1. 898 亿公顷，与产业化发展之初的 1996 年相比，增长了 112 倍。目前国际市场上的转基因食品以植物性食品为主。美国是转基因农作物商业化程度最高的国家。2017 年，美国种植了 7 500 万公顷转基因作物，占全球种植面积的 39. 5%，包括棉花、大豆、玉米、油菜、甜菜、苜蓿、南瓜、番木瓜、苹果、马铃薯等。相比较而言，我国的转基因农作物主要是以进口为主，而且逐年增加。2018 年，中国农业农村部批准进口的转基因作物包括大豆、玉米、棉花、油菜、甜菜等 5 种作物，涉及的转基因技术研发公司包括孟山都、杜邦和先锋、先正达、拜耳、陶氏、巴斯夫。我国进口的 90%以上的大豆和棉花是转基因产品。

转基因技术发展轨迹说明，目前，转基因农业及转基因技术已成为整个农业产业中最具活力的部分之一；通过转基因技术生产的农产品已经大量进入市场，制成的食品已经摆上人们的餐桌。转基因农业技术将不可避免地对各国农业的种植结构、生产方式乃至经济与贸易产生影响，并由此改变世界农业的发展方向。

1. 1. 2　中国转基因技术在政府推动下发展迅速

我国政府自从改革开放开始，便把现代生物技术的发展列为保障国家的粮食安全和占据未来国际研发前沿领域的重大战略之一（农业部科教司，2000）。我国生物技术研究起步于 1980 年前后，在国家高技术研究发展计划

（简称 863 计划）及国家科技攻关计划的资助下，1986—2003 年，农业生物技术研究投入的经费由 0. 89 亿元（按 2003 年当年不变价格计算）增长为 16. 47 亿元（Huang 等，2005）。为追赶世界新技术革命的脚步，我国改革开放的总设计师邓小平同志于 1988 年 9 月提出“将来农业问题的出路，最终要由生物工程来解决，要靠尖端技术”。1991 年 4 月，邓小平同志为国家科委召开的“863”计划工作会议和高新技术产业开发区工作会议题词“发展高科技，实现产业化”。1999 年，经国务院批准，“国家转基因植物研究与产业化专项”启动实施，重点开展功能基因克隆、转基因新产品培育和产业化、转基因植物安全性评价以及转基因研发能力建设等工作。目标是进一步增强我国植物转基因科技国际竞争力，推动技术创新和产品创新，提高转基因技术对农业结构调整的贡献率。为确保实现这一目标，科技部、财政部制定了《国家转基因植物研究与产业化专项暂行管理办法》。科技部每年发布“国家转基因植物研究与产业化专项”课题申请指南，组织引导科技力量投入相关项目研究。根据 2006 年科技部召开的“国家转基因植物研究与产业化”项目验收会发布的信息，“国家转基因植物研究与产业化专项”自 1999 年启动至 2006 年，中央财政共投入 5. 1 亿元，部门、地方和社会配套投入 3. 2 亿元。2007 年，科技部、财政部会同农业部、教育部、卫生部、中国科学院、质检总局、环保总局、林业局以及地方科技部门，组织全国的农业生物技术领域的优势力量，以五大作物和三大动物产品为对象，用三年时间，中央财政共投入 260 亿元，开展转基因技术与产业化研究，并根据研究进展和成果评估考核给予资金的持续资助，有力推动着我国转基因技术发展。

在政府推动下，我国从事生物技术管理和研究的人员不仅数量快速增加，而且人员结构也日趋合理。拥有博士学位的研究人员比例由 1. 7% 增长为 31%，拥有硕士学位的研究人员比例由 16. 7% 增长为 27%（郭艳琴，2004）。涉及农业生物技术的各类研究机构已超过 200 多家，初步形成了从基础研究、应用技术研究到产品开发，相互衔接、相互促进的创新体系。我国政府于 1997 年批准转基因抗虫棉、耐贮藏番茄、观赏矮牵牛的商业化生产，1998 年批准抗病毒甜椒、抗病毒番茄的商业化生产，2005 年批准转基因杨树的商业化生产，直到 2006 年年底才批准了抗环斑花叶病毒的转基因番木瓜的商业化生产，番木瓜成为我国第一个被批准大规模生产、可直接食用的转基因农作物。2009 年 11 月，两种转基因抗虫水稻和一种转基因玉米（转基因抗虫水稻“华恢 1 号”、杂交种“Bt 汕优 63”和转植酸酶基因玉米“BVLA430101”）获得了农业部农业转基因生物安全证书，分别限定在湖北省和山东省生产应用。安全证书的颁发意味着该品种的生产性试验结束并获得农业主管部门认可，技术方面的障碍基本扫除，商业化生产近在眼前。

总体而言，我国生物技术虽然与一些发达国家相比还存在一定的差距，但总体上已领先于其他发展中国家，在某些农作物的转基因研究上已经处于世界领先水平（张启发，2003；Huang 等，2002）。我国已打破了外国的技术垄断，基本建成了转基因育种研究与开发体系，成为世界上为数不多的拥有自主基因产权，并独立实现转基因作物产业化的国家。

1.1.3 转基因番木瓜是我国标志性的转基因农作物

番木瓜是热带、亚热带种植的多年生草本作物，我国广东、海南、广西、福建、台湾、云南等地是传统种植区域。番木瓜是当地居民日常消费的主要蔬菜和水果之一，同时番木瓜丰富的营养品质又是重要的原料作物，具有很高的医用和加工价值。因此，在华南许多地区，种植番木瓜是农民重要的收入来源。但是，近几十年来世界性严重病害番木瓜环斑花叶病毒（Papaya Ring Spot Virus，PRSV）严重影响了番木瓜生产（Purcifull 等，1985；Maoka 等，1995；Jain 等，2004）。番木瓜的种植和生产受到环斑花叶病毒等病害的严重危害，导致传统品种丧失多年生作物的特性，且品质下降，产量降低。番木瓜的种植面积锐减，严重影响了当地农民的收入。1997 年，在我国华南地区，番木瓜环斑花叶病毒的田间发病率达到 70%以上（肖火根等，1997），有些年份常规品种第二年发病率高达 98%以上。为了解决番木瓜环斑花叶病毒对番木瓜生产的灾难性影响，美国于 1997 年最早批准了抗番木瓜环斑花叶病毒番木瓜进入商品化生产。随后，一些热带和亚热带番木瓜主产国或地区纷纷开始了该项技术的研究，并开始逐渐批准该技术的商业化应用。

2006 年年底，农业部为华南农业大学培育的转基因番木瓜“华农一号”品种颁发了准予商业化生产环境安全证书，规定适用种植区域是广东省，其产品以直接食用的转基因水果蔬菜而开始进入全国消费市场。经过 5 年的预商业化阶段，2010 年，“华农一号”转基因番木瓜又持续获得农业部颁发新五年期的准予商业化生产环境安全证书，适用种植区域扩展到全国。这标志着“华农一号”转基因番木瓜成为我国第一例全面商业化生产的转基因直接食用的农作物。这是我们选择转基因番木瓜作为本书的主要研究对象的原因。

综上所述，在国际上对转基因植物安全性问题争论不休的背景下，世界各国仍继续大力推进其产业化进程。从宏观上讲，世界各国都清醒地认识到未来分子农业发展的巨大潜力，都不愿在未来农业科技国际竞争中失去主导地位或竞争能力；从微观上讲，这是农业生物技术产业不同利益主体对转基因技术带来的巨大利益追逐的必然。在转基因生物技术迅速发展以及转基因作物种植面积迅速扩大的形势下，对转基因作物进行经济和社会效果评价不仅是政府关注的问题，也是科研单位、公共组织、相关企业和社会公众十分关注的问题。因此，我国在促进农业生物技术发展的过程中，除了应加强转基因安全评估与管理之外，急需对其经济影响进行全面的研究与评估，以便在制定农业生物技术发展重大政策时做出准确的、科学的判断。

1.2 研究目的及主要内容

1.2.1 研究目的

前已述及，我国政府于2006年年底批准了抗环斑花叶病毒的转基因番木瓜的商业化生产，转基因番木瓜成为我国第一个被批准大规模生产、可直接食用的转基因农作物。实际上我国主要番木瓜产区已经广泛地使用了来源复杂的多个转基因番木瓜品种。这为我们提出了一系列问题：在微观层面上，转基因农作物生产者的技术采用受哪些因素的影响？带给生产者哪些影响？消费者是怎样看待转基因农产品的？影响消费者购买转基因食品的因素有哪些？在宏观层面上，转基因技术的采用对相关利益主体带来了哪些影响？对整个社会的福利带来了怎样的变化？研究这些问题，是我们对转基因番木瓜生产者和转基因食品消费者进行经济学评价方面实证研究的出发点。

本书以转基因番木瓜生产者和转基因食品消费者为研究对象，建立全面评价转基因番木瓜的经济影响和分析模型及软件，立足前人的学术研究平台和研究基础，从生产者角度，全面评估转基因番木瓜商业化以来的经济及社会影响，深入研究其发展对生产、需求、市场价格以及农民收入等的影响；从消费者角度，分析转基因农产品的市场接受影响因素，为国家制定其他转基因粮食及其他可直接食用的转基因农作物的商业化发展策略提供科学依据，确保国家未来制定的农业生物技术发展策略能最大限度地符合国家利益。同时，本书的研究旨在丰富生物技术经济影响的研究方法和理论，为研究转基因农作物经济学评价的相关方法改进提供参考。

1.2.2 主要研究内容

根据上述研究目的，本书的研究包括以下五个方面的主要内容：

第一，围绕转基因番木瓜技术的发展和商业化不断推进过程，分析转基因番木瓜的研发路线图，探讨转基因技术的发展规律。

第二，研究农户社会关系与农民技术采用的关系，弄清农户社会关系网络的层次和群体规模与农户技术采用的相互关系和规律；分析农民在采用生物技术决策过程中的影响因素。

第三，利用在转基因番木瓜生产地区的农户调查数据，分析转基因番木瓜在微观层次上对农户投入和产出以及健康水平的影响。

第四，通过对广东省的多个城市家庭的调查数据的统计，分析消费者对转基因技术、国家管理政策的了解情况，消费者对转基因水稻的接受程度和购买意愿。

第五，基于前四个问题的研究，综合分析转基因植物商业化生产的经济影响。

1.2.3 解决的关键问题

为了完成上述研究任务，本书必须先解决以下三个关键科学问题：

第一，转基因番木瓜技术扩散和农民对该技术采用的决定因素及其相互关系。我们先要从理论上弄清农民采用转基因番木瓜技术的主要决定因素及其内在机理，分析各种因素间的相关关系，尤其是社会关系对该技术采用的决定作用及其相互间的影响。

第二，转基因水稻消费者认知情况和消费行为的影响因素及其相互关系。我们要在此基础上，构建研究的分析模型，特别是要了解转基因农产品标签制度对转基因农产品消费的影响。

第三，转基因作物经济影响的评价方法。在前人研究基础上，我们研究多年生转基因作物经济影响的评价方法，尤其是农户固定效应模型（Fixed Effects Model）和风险控制生产函数（Damage Control Production Function）模型在转基因作物经济影响评价上应用的可行性及特征。

1.3 分析框架与研究方法

1.3.1 分析框架

转基因农作物与经济之间的关系是一个复杂的适应系统，由多个微观个体和宏观经济主体构成。微观经济主体主要包括家庭、工农业生产企业、科研单位三类；宏观经济主体主要涉及政府和国外部门两类。各类主体在农产品商品市场、相关要素市场和金融市场的平台上交融与博弈，使得微观经济个体的局部交互行为形成了宏观经济的规律性，宏观经济的动态又对微观经济个体的行为产生深刻的影响。

尽管经济学者对微观结构与宏观结构间的双向反馈早就有所论述，但在转基因农作物的影响研究过程中，还不能全面来完成这个系统分析。其原因主要有四点：一是到目前为止的经济学分析的理论基础均来源于新古典经济学，其主要理论前提条件是经济主体行为的完全理性假设和经济系统的均衡假设。二是转基因农作物带来的复杂影响广泛而深远，以生物技术为代表的科技进步在不断提高人们认识世界、改造世界的能力的同时，也增加了人们生存世界的不确定性。三是一直缺少研制这种复杂动态模型的数量化方法。四是难以获得相关的充足可靠的数据。

新古典经济学的理论基础是经济主体行为的完全理性假设和经济系统的均衡假设。完全理性有两层含义：一是所有经济主体愿意并能够极大化他们的预期效用（或利润）；二是所有经济主体都具有关于其他经济主体将如何行动的相同和正确的信念。均衡意味着通过价格的自动调整，商品的供给数量等于需求数量，市场处于相对静止状态。由于经济主体行为和经济系统结构的过分简化，经济学者应用数学模型，如回归分析、数理分析和运筹分析等，即可派生出经济分析的结果。然而，这些数学模型仅能勾画出现实经济的大体轮廓。

但是我们从前期的研究中发现，以转基因技术为代表的生物技术对经济产生影响的作用机理和过程是一个复杂适应系统，如图 1.1 所示。

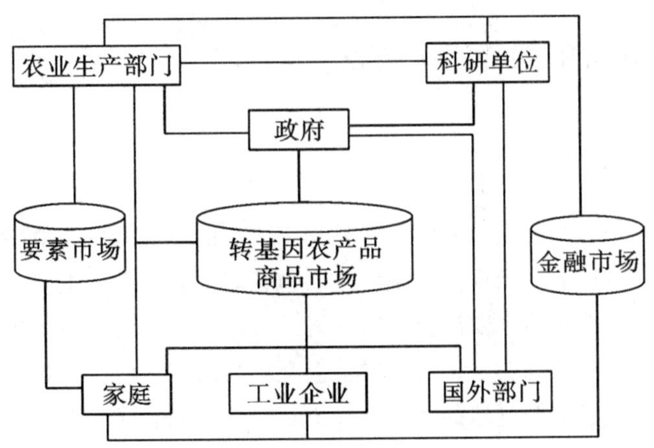

图 1.1　转基因农作物经济学分析的基本框架图

复杂适应系统理论的复杂性意味着：系统是由一系列相互作用的主体构成的一个网络；这些主体的活动自然形成了系统的动态累积行为；累积行为的描述可以与个别主体的细节知识无关。适应性意味着：环境中各主体的活动在一定的时点上可以被赋予一个特定意义的值，如经济意义或政策意义；随着时间的推移，主体的行为趋向于使该值变化。

按照上述复杂适应系统理论的观点，转基因农作物经济系统是由多个主体构成的。转基因农作物经济系统的主体包括家庭、工农业生产企业、科研单位、政府和国外部门等。各主体又被组织成群体或等级结构，如由家庭和农业生产企业以及生产资料供应企业共同构筑了转基因农作物的生产过程，接下来以转基因农产品的经销企业为主连接消费者和以转基因农产品为原料的加工企业形成交换环节，并且各主体在重要的方面有所不同。各主体为适应环境，必须从实践中学习或自然选择，造成主体的状态和行为随时间而变化。主体的各种变化是反馈的结果，宏观层次行为从微观层次的相互作用中自然产生。

家庭在系统中具有两个功能：一方面，家庭是转基因农产品的消费单位，无论是城市家庭还是农村家庭，作为消费者，家庭在购买和消费转基因农产品时，都是以家庭为单位进行决策和实施的，同时家庭具有共同的消费偏好和收入水平；另一方面，在农村，家庭也可以是转基因农产品的最基本的生产单位，对转基因农作物生产的投入与产出、技术选择与采用、产品销售与经营管理等形成系列经济活动过程，如教育和广告效应、价格调整、购买或销售、通货膨胀和失业等。

经济系统的复杂性导致经济主体行为的有限理性，经济主体的适应性导致经济系统的进化性。因此，本书将有限理性与经济进化作为理论基础，应用主体技术研究经济问题的方法论，把经济模型转化成由一系列相互作用主体构成的进化系统，是复杂适应系统的经济学体现。

1.3.2 研究的技术路线

根据研究目的和内容，本书设计了研究的技术路线（见图 1.2）。

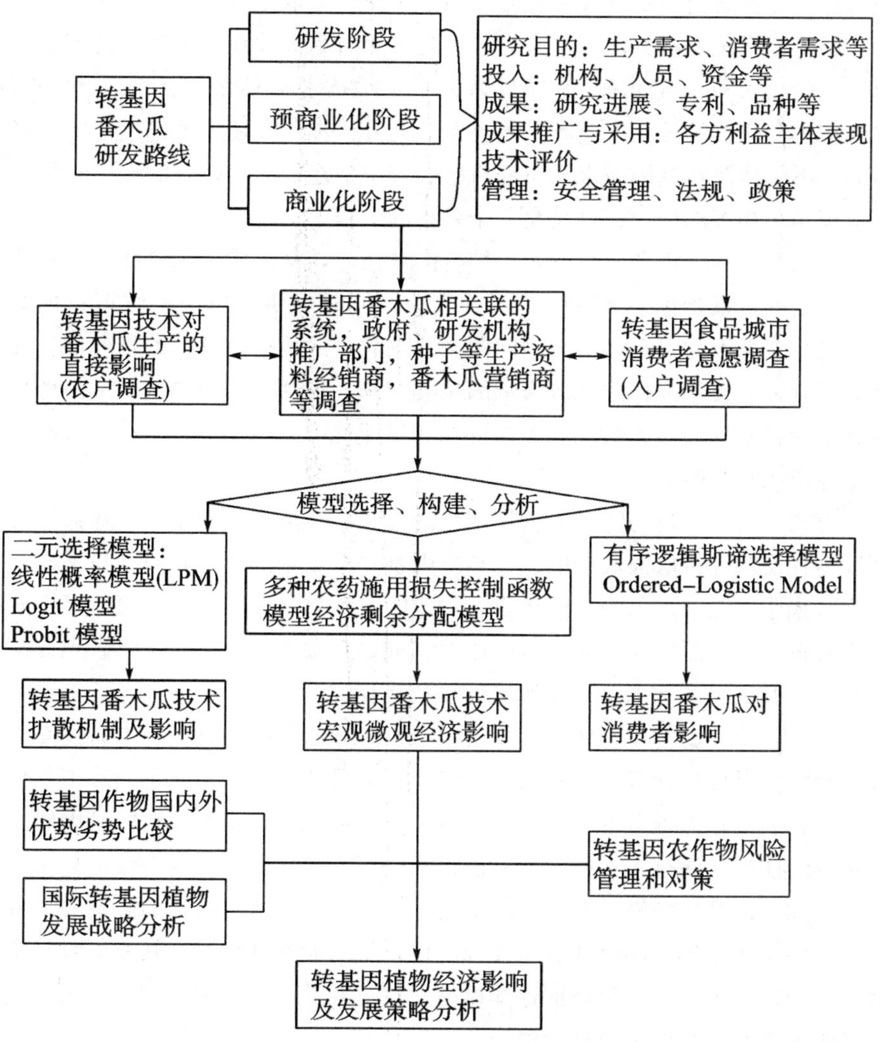

图 1.2 转基因植物经济学评价研究的技术路线

1.3.3 研究方法

植物转基因技术及其产业化是新兴的研究领域，与传统产业相比，在研究的对象、依托的技术手段、产业化的条件方面都有很大的不同。本书的研究将在广泛吸收和系统综合相关技术产业化研究成果的基础上，综合运用管理学、经济学以及生物技术研究的基本理论、方法，系统地描绘当前植物转基因技术产业化的基本特征，并以转基因番木瓜商业化为例进行实证研究。为了完成研究目标，根据研究分析框架和技术路线，本研究采取了以下研究方法：

第一，系统分析方法。本研究是将转基因番木瓜放在一个较大的范围内来研究它的投入和收益问题，包括转基因番木瓜技术从研究、推广、产生效益，再到成本和收益的估计，测算其收益率。另外，本研究还要考虑生产区域资源布局，不仅涉及转基因技术的研究机构、农户，还要涉及技术的推广单位、国家政策制定相关部门等，这将是一个系统的过程。

第二，定性分析和定量分析相结合的方法。转基因番木瓜总体经济效益总是以一定的数量指标为基础综合反映出来，同时也要考虑国家政策目标的实现。研究转基因番木瓜经济效益问题必须有大量的数据和计算的指标值，并以此为基础，对转基因作物经济影响的相关问题，包括与常规的番木瓜品种相比较转基因番木瓜的投入情况如何、资源如何配置可以达到更好的产出效益等做出定性说明和判断。

第三，微观分析与宏观分析相结合的方法。转基因番木瓜经济效益评价的测算是在宏观计量层面展开的，而转基因番木瓜技术的成本收益计量又必须在农户微观层面展开，因为目前还没有宏观的统计数据。相应地，总体经济效率研究要在宏观层面展开，而利益主体的调查要在微观层面展开，将微观方法和宏观方法有机结合起来，才能使研究顺利展开。

第四，统计资料与实地调查收集相结合的方法。我们收集与本研究有关的文献资料、科技统计资料以及农产品成本收益资料等，并根据不同的需要设计问卷调查表，弥补现有资料的不足，对各农户随机抽样调查，对转基因研究单位进行整体抽样调查，对相关专家进行问卷调查。

第五，计量经济模型方法。转基因生产者采用转基因技术的影响因素分析采用线性概率分析、Logit 模型和 Probit 模型等二元选择模型；转基因食品消费者意愿分析采用有序逻辑斯谛选择模型；转基因番木瓜经济影响分析采用损失控制函数模型和经济剩余分配模型。

1.4 本书结构

根据研究目的和研究内容，本书共分为以下七章：

第一章为导论。本章主要包括研究背景、问题的提出以及研究目的、研究内容和结构。

第二章为植物转基因理论与实践发展概述。本章系统阐述转基因技术及转基因农作物的相关概念、理论研究和实践进展；对农业转基因技术当前的发展状况、农业转基因技术的影响和研究方法进行总结和评论。

第三章为番木瓜优良抗病品种的培育及产业化进程。本章阐述我国番木瓜的生产、消费和贸易的现状与变化，并对我国番木瓜技术的发展进行分析；介绍和分析我国转基因番木瓜技术发展和相关的安全管理政策。

第四章为农民对转基因技术需求及采用研究。本章分析农民生物技术采用决策的影响因素，研究农户社会关系与农民技术采用的关系，弄清农户社会关系网络的层次和群体规模与农户技术采用的相互关系和规律。在此基础之上，本章探讨适应农民的技术需求进行基层农业技术推广体系推广方式创新的相关措施，如何建立畅通高效的农民技术需求反馈机制，并为我国有效监管控制生物技术的扩散和推广提出相关政策建议。

第五章为转基因番木瓜的经济影响研究。本章根据在广东转基因番木瓜生产地区的调查数据，分析转基因番木瓜在微观层次上对农户投入和产出以及健康水平的影响。

第六章为转基因蔬菜或水果的消费者意愿研究。本章通过对广东多个城市家庭的调查数据的统计，分析消费者对转基因技术和国家管理政策的了解情况、消费者对转基因食品的接受程度和购买意愿。

第七章为结论与政策建议。本章就政府对转基因作物生产的食品及环境安全性进行论证，推动公众对多层次生物技术的理解和正确评价，引导并促进转基因作物的商业化进程；强化转基因食品的标识，提高消费者对转基因产品的信心。

2　植物转基因理论与实践发展概述

本章主要对转基因植物的相关概念进行整理，作为本书实证分析的技术理论基础；概述植物转基因技术的发展现状与趋势；就以往关于植物转基因研究和转基因农作物商业化对投入产出、农民收入、消费者、国际贸易及食品安全和生态环境安全等影响的研究进行综述；考察转基因技术的风险性及监管制度的形成过程；对研究转基因农作物经济影响问题的常用研究方法给予比较分析。

2.1　植物转基因技术与转基因植物

植物转基因技术又称植物基因工程，也称重组脱氧核糖核酸（DNA）技术，是指通过物理的、化学的或生物学的方法，将外源目的基因与载体结合形成重组 DNA 分子，导入受体植物细胞中，并获得再生植株的转基因技术。植物转基因技术是在植物种类上的转基因操作，用于创造植物新类型或赋予植物新性状。运用植物转基因技术产生的植物新类型或获得转化的植物及其后代，称为转基因植物。

转基因植物目前主要应用于农业和医药领域。农业领域主要是利用组织培养技术和基因重组技术，向农作物转入其他生物或物种的各种有用基因，特别是抗有害生物（病原体、害虫、杂草等）、抗逆境（干旱、盐碱、寒冷、炎热等）、增进农产品产量和品质、改变生长发育特性、提高光和效率等方面的基因，获得符合人类目标的新种质，培育新品种。转基因作物在抗除草剂性、抗病性、抗虫性等方面的研究取得了突破性进展，在抗旱性、改善产品品质、高能生物燃料等方面也取得了一定的成绩。医药领域主要是利用转基因植物为“植物生物反应器”，生产口服疫苗及医用蛋白等。

植物转基因技术产业化是指以植物转基因技术发明或成果为依托，以技术转化与应用为目标，以市场机制为导向，形成完整植物转基因技术体系、产品体系、组织管理体系、质量控制系统，实行集约化生产、专业化分工、规模化经营、企业化管理，集研究、开发、生产、经营、服务于一体，以提高经济效益为目的的植物转基因技术产业的实现过程。植物转基因技术产业化是植物转基因技术与农业经济全过程结合的经营活动，其最重要的特点是成果的研制、开发、生产和营销的一体化经营，使农业生物技术的研制者与农业生产的经营者形成利益整体。

2.1.1 植物转基因技术：目的基因、载体与受体

植物转基因技术应用的目的基因分别从微生物、植物、动物甚至人类分离出来，目前国内外已经复制和鉴定的有100种以上。其中，最常见的有种子贮藏蛋白基因、抗除草剂基因、抗病毒基因和抗虫基因等。

种子贮藏蛋白基因中，研究得较深入的有玉米、小麦的醇溶蛋白基因，水稻的谷蛋白基因，马铃薯的块茎蛋白基因等。导入这些基因可望提高某些植物种子或储藏器官的蛋白质含量，或者改善蛋白质的氨基酸组成，以提高作物的营养品质。

抗除草剂基因至少有以下三类：第一类能改变植物酶对除草剂的敏感性。例如，“avoA突变基因”，它合成的EPSP酶中，脯氨酸被丝氨酸取代，酶的活力不受影响，但是对非选择性除草剂草甘膦的结合力只有原来的25%，从而使植物对除草剂表现不敏感。第二类能解除除草剂对植物酶的抑制。例如，“Bar基因”，它能合成乙酰转移酶，解除选择性除草剂对植物谷氨酰胺酶的抑制，避免植物细胞因为氨的积累毒害而死亡。目前这个基因已被导入小麦、烟草、马铃薯、甜菜等作物，其中转基因马铃薯已进行大田试验，并取得良好效果。第三类能补偿被除草剂破坏的植物酶。例如，经过修饰的EPSP酶基因，它表达的酶大幅度增加，以致草甘膦的浓度不足以破坏植物体内所有的EPSP酶，植物因此免于死亡。目前已将这种修饰过的基因导入烟草和矮牵牛，并产生了抗性。

抗病毒基因主要有以下几类：首先，目前主要利用病毒蛋白外壳基因，导入这类基因获得了抗烟草花叶病毒的番茄、抗黄瓜花叶病毒的烟草和番茄、抗马铃薯X或Y病毒的马铃薯、抗苜蓿花叶病毒的苜蓿、抗大豆花叶病毒的大

豆、抗番木瓜环斑花叶病毒的番木瓜等，其中不少已进入大田试验。其次，利用反义核糖核酸（RNA），也就是将病毒基因反向接在强启动子后面，产生的大量反义 RNA 能封闭复制酶的结合位点，阻止病毒繁殖。但是这方面还需要进一步研究，因为目前表达的反义 RNA 量还未达到所需要的水平。最后，期望利用抗体基因的产物，使病毒的复制酶失效，这类工作还处于试验阶段。

抗虫基因主要有以下两类：一类是毒蛋白基因。例如，苏云金杆菌的 Bt 基因，它表达的晶体蛋白对鳞翅目和鞘翅目昆虫有毒杀作用。毒蛋白在昆虫消化道内经过蛋白酶激活后造成消化道损伤而导致昆虫死亡，对其他生物则没有任何危害。目前 Bt 基因已被导入烟草、番茄、马铃薯、棉花、玉米、大豆等，并取得明显效果。今后还需要研究如何提高毒蛋白表达量，研究在毒杀害虫的同时如何保护益虫等。另一类抗虫基因是蛋白酶抑制基因，它的产物能干扰害虫体内蛋白酶的活性，阻碍对食物的消化而使害虫致死，杀虫作用广泛。这类基因如豇豆胰蛋白酶抑制剂基因（CPTI），已导入烟草等作物，并产生抗虫效果。

植物转基因技术应用的目的基因，除上述之外，还有能固定空气中游离氮转化为植物可利用氮素的固氮基因、具有抗菌作用的几丁质酶基因和毒肽基因、与抗盐碱关系密切的脯氨酸基因、与雄性不育有关的核酸酶基因、与果实成熟有关的 ACC 合成酶基因，甚至人类的干扰素基因、生长激素基因等。虽然目前它们还处于试验阶段，但具有十分诱人的应用前景。

用于装载目的基因的载体，应用最多的是细菌中发现的一种小型环状 DNA 质粒，它被某种酶切开后能够嵌入装载具有目的基因的 DNA 片段。

为了便于在受体中检测到载体的存在，通常需要选用具有特殊遗传标记的质粒。目前植物转基因技术常用的遗传标记有以下几种：第一种是抗生素的抗性基因，如 Cat 基因可使植物细胞表现抗氯霉素。第二种是 GUS 基因，它可以使植物细胞在 X-gluc 底物溶液中显示蓝色。第三种是荧光素酶基因，可以使植物细胞发出蓝绿色荧光。植物转基因技术还有一些可望利用的潜在质粒。例如，Ri 质粒可以诱导植物细胞产生根，这个根的细胞能分化形成植株。又如，酵母人工染色体能装载巨大的 DNA 片段，已用于动物基因工程，有望在不久的将来用于植物基因工程。

受体是重要的目标。植物转基因技术往往需要先将目的基因导入受体植物的离体单细胞，然后使单细胞分化发育成为转基因植株。这首先是因为高等植物与单细胞的微生物不同，前者是高度分化的多细胞有机体，很多情况下只有部分细胞接受目的基因，形成“嵌合体”。其次，与动物细胞不同，植物细胞具有很强的全能性，在离体条件下容易分化发育成完整的植株。

因此，植物转基因技术一般有必要也有可能和组织培养相结合。作为组织培养的植物材料，多是原生质体或悬浮培养细胞。目前这种方法已经运用在许多植物中，并得到了转基因的植株，为大规模投入现实农业生产创造了条件。

2.1.2 植物转基因技术实现转化的方法

植物转基因技术实现转化的方法很多，并不断创新，发展了农杆菌介导法、基因枪介导法、电击穿孔法、病毒介导法、化学物质诱导法、脂质体法、花粉管通道法、显微注射法、离子束介导法和 DNA 浸泡法等转基因技术，但主要以农杆菌介导法、基因枪介导法为主。

农杆菌介导法又称为共培养法，是将农杆菌与植物细胞共同培养，用农杆菌含有目的基因的质粒去转化植物细胞。该方法通常是在含有适量抗生素的培养基上，筛选具有抗生素抗性标记的转化细胞，然后用特定培养基诱导这些细胞形成植株。这是目前最常用的方法，已获得转基因株的植物大多数采用这种方法。

基因枪介导法又称为高速微弹法，是用表面附着 DNA 分子（含目的基因）的金属微粒，经过加速装置，轰击植物细胞，将 DNA 直接射入植物带壁的细胞。这种方法不受受体种类限制，快速简便，但是设备昂贵。目前这种方法的转化率已达到 8%~10%，还在研究如何进一步提高。

利用这些方法，国外已建立了大规模的转基因体系，如孟山都公司有 200 多人在室内从事植物基因的转化研究，每年得到几十万株转基因植株，以筛选特异性转基因材料。多基因聚合转化技术目前在烟草、大豆上已取得了成功，利用基因枪轰击转化获得了多个外源基因同时表达的转化植株。发达国家都致力于规模化转基因技术实现标准化、工厂化和流水线式转基因植物品种培育。多基因聚合转化技术研究，实现多个基因按照育种目标进行组装后同时导入一个受体中，有效地聚合多个有利基因，使多个性状得到改良。开展高效转化技术研究可以突破基因型限制，提高转化效率；实现了安全高效、多基因、规模化转基因育种技术的发展。

2.1.3 植物转基因育种研究新进展

自 1983 年首次获得转基因烟草、马铃薯以及 1986 年首批转基因植物被批准进入田间试验以来，迄今为止，全世界转基因植物研究至少涉及 35 个科的 200 多个种，有近 50 个国家对 60 余种转基因植物进行了总计 30 000 次以上的转基因作物的田间试验。已有35个科120多个种植物转基因获得成功，30多个国家批准数千例转基因植物进入田间试验，涉及的植物种类有40多种，包括水稻、玉米、马铃薯等作物；棉花、大豆、油菜、亚麻、向日葵等经济作物；西红柿、黄瓜、芥菜、甘蓝、花椰菜、胡萝卜、茄子、生菜、芹菜、辣椒等蔬菜作物；苜蓿、白三叶草等牧草；苹果、核桃、李、木瓜、甜瓜、草莓等瓜果；矮牵牛、菊花、香石竹、兰花等花卉；杨树等造林树种。

性状主要包括5大类：除草剂抗性；农业有害生物抗性，如对病毒、细菌、昆虫、线虫和真菌的抗性；改善产品品质，如改变植物中的油分、淀粉、糖类、纤维素；改良农艺性状，如提高产量、增强非生物逆境（冷、旱、盐等）耐受能力；其他性状，如选择性标记、遗传限制等技术性性状、特殊用途转基因作物性状，如产生药用蛋白、生物能源等特殊性状。

田间试验转基因作物中比例最大的是抗除草剂作物，其次是抗虫、抗病转基因作物以及改善农艺性状，如降低化肥使用的转基因作物。

值得注意的是，新型转基因产品的研发速度加快转基因生物已经从抗病、虫和除草剂等第一代植保性状向抗逆、改良营养品质、改变代谢途径等第二、三代发展，同时具有2～3种复合性状的转基因生物研发迅速。以培育抗旱、抗寒、盐碱等非生物逆境作物为代表的转基因作物研发将成为未来生物技术产业发展的重要方向，以期突破水资源短缺和其他逆境条件等限制农业发展的“瓶颈”。发达国家争先开发第二代转基因作物，更加注重产品质量、消费者的需求及农作物的抗逆性，增加产品附加值及替代不可再生工业饲料的可再生饲料的“第二代”性状，如低植酸酶动物饲料、种子油分改良等。近年来，用于生产药用蛋白、酶制剂及用于能源的第三代转基因生物研发迅速，这些特殊用途的转基因植物开始进入田间试验。

我国设立的国家高技术研究发展计划、历年国家科技攻关计划以及经国务院批准，科技部、财政部联合于1999年正式实施的“国家转基因植物研究与产业化专项”使我国转基因植物的研究和开发取得了显著的进展，有些研究已经达到国际先进水平。据2011年国家生物技术学会统计，我国投入研究和开发的转基因植物达47种，涉及各类基因103种。近年来有近20种转基因植物进入了田间试验或环境释放阶段。

2.2 转基因植物产业化发展现状与趋势

2.2.1 国际上转基因生物育种的应用

农业转基因技术打破了物种间的限制，为培育具有优良特性和品质的作物品种提供了有效途径，因而生物技术特别是农业转基因技术在全球得到迅速发展和应用，农业转基因作物种植范围和面积不断扩大。

据国际农业生物技术组织（ISAAA）统计，2017 年，已批准商业化种植转基因作物的国家达到 24 个。排在前五名的转基因作物种植国是美国、巴西、阿根廷、加拿大、印度，其大豆、玉米和油菜转基因应用率的平均值都超过 90%。另外，有 43 个国家或地区进口转基因作物用于粮食、饲料和加工。

根据《中国生物产业发展报告 2010 年》提供的数据，国际上将抗除草剂和抗虫的转基因作物（棉花、大豆、玉米）称为第一代转基因作物，第一代转基因作物的产业化规模在全球快速扩张。

在众多的转基因作物中，转基因大豆是世界上种植区域最广、种植面积最大的转基因作物。自 1994 年第一例转基因大豆进行商业化生产以来，其生产面积呈现出快速增长的趋势，2009 年全球转基因大豆种植面积达 6 920 万公顷，约占全球 9 000 万公顷大豆种植面积的 3/4，约占转基因作物种植总面积的 52%。转基因大豆的生产国包括美国、阿根廷、巴西、巴拉圭、加拿大、南非、乌拉圭、墨西哥、玻利维亚和哥斯达黎加等 10 个国家，批准转基因大豆进口与种植的国家和地区共计 23 个。2009 年，美国大豆总播种面积达 3 140 万公顷，其中 91%以上为转基因品种；阿根廷的这一比例则高达 99%。

全球转基因玉米种植面积规模也在不断增长，自 1996 年商业化种植以来，2009 年已达到 4 170 万公顷，占全球玉米种植总面积的 26%，占全球转基因作物种植总面积的 30. 6%。2009 年，种植转基因玉米的国家有 16 个，包括美国、巴西、阿根廷、加拿大、南非、乌拉圭、菲律宾、西班牙、智利、洪都拉斯、捷克、罗马尼亚、葡萄牙、波兰、斯洛伐克和埃及。有 21 个国家批准应用转基因玉米产品（籽粒及其加工品），包括中国、日本、韩国、澳大利亚等。

全球种植转基因棉花的国家有 11 个，分别是美国、阿根廷、巴西、印度、中国、南非、澳大利亚、墨西哥、布基纳法索、哥伦比亚、哥斯达黎加。2009 年，世界转基因棉花种植面积达 1 610 万公顷，占全球 3 500 万公顷棉花种植总面积的46%。转基因棉花在美国、澳大利亚和南非的全国种植比例占90%以上。双性状复合型转基因棉花占到美国所有转基因棉花的75%，澳大利亚的这一比例为81%、南非的这一比例为83%。

同时，转基因作物发展的新动向是将第二代转基因作物推向市场。相对于第一代转基因作物具有的抗除草剂和抗虫的性状之外，第二代转基因作物转基因性状包括品质、耐逆境（旱、盐、冷等）、抗病、种子生产系统（Seed Production System）等。

目前，全世界有美国、中国、日本、印度、韩国、伊朗、菲律宾等多个国家已经开展转基因水稻研究。改良的性状主要包括抗除草剂、抗虫、抗病、耐逆境（冷、旱、盐等）、雄性不育、肥料高效利用、品质改善以及特殊用途转基因作物性状，如产生药用蛋白等特殊性状。截至2009年年末，全球有伊朗、美国和中国批准了转基因水稻的产业化生产，但规模很小。

现有主要产品是2001年美国农业部批准治疗性转基因水稻种植面积45公顷左右，到2005年批准种植面积扩大到130公顷，2007年增加到1 387公顷。2004年，伊朗成为世界上第一个批准作为粮食用的Bt抗虫转基因水稻产业化的国家，2005年的种植面积约4 000公顷，但近年情况不详。2006年，美国批准了抗除草剂转基因水稻品种的商业化种植，但至今没有大面积种植。2009年8月，中国政府对华中农业大学研发的Bt抗虫转基因水稻“华恢1号”和“Bt汕优63”颁发了安全生产证书，但尚未进行商业化种植。

2.2.2 国内转基因植物产业化进展

我国政府自从改革开放开始，便把现代生物技术的发展列为保障国家的粮食安全和占据未来国际研发前沿领域的重大战略之一（农业部科教司，2000）。我国的生物技术在国家的大力支持下得到了长足的发展。我国虽然与一些发达国家相比还存在一定的差距，但总体上已领先于其他发展中国家，在某些农作物的转基因研究上已经处于世界领先水平（张启发，2003；Huang等，2002），尤其是棉花和番木瓜。例如，Bt抗虫棉的广泛应用，在减少农药施用、保护环境、减轻农药中毒等方面取得了极其显著的经济和环境效益（Huang等，2002；苏军等，2000；贾士荣等，1999），成为转基因农作物推动农业发展的成功典范之一。

转基因抗虫棉是我国研究开发最为成功、最早实现大规模产业化生产的转基因作物，并使我国成为继美国之后第二个拥有抗虫棉自主知识产权的国家。

20世纪90年代棉铃虫大爆发，我国863计划迅速于1991年启动转基因抗虫棉研究项目。1992年，中国农业科学院生物技术研究所率先成功完成了Bt基因的人工合成和高效植物表达载体的构建，并与国内科研单位广泛合作，采用我国科学工作者独创的花粉管通道法，将Bt基因导入棉花主栽品种，1996年成功研制出拥有自主知识产权的转基因抗虫棉。但是，1997年外国抗虫棉进入我国，1998年我国抗虫棉95%的市场份额被外国抗虫棉垄断。面对严峻的现实，国家加大了对转基因抗虫棉的研发力度。2002年，国家以优势育种单位和转基因优势单位中国农科院棉花研究所为主体，开始建设“国家转基因棉花中试及产业化基地”。目前以该基地为核心，我国建立起了较完善的包含六大技术体系（基因挖掘技术体系、分子育种技术体系、基因工厂化转化体系、中间试验体系、可持续发展的技术保障体系和产业化开发体系）的转基因棉花研发平台，为我国转基因棉花的研发奠定了坚实的基础。在一系列项目和计划的大力支持下，我国转基因抗虫棉研发取得了突破性进展。2009年年底，我国已获审定的抗虫棉品种共有170个，累计推广面积达0.24亿公顷，直接为棉农带来收益585亿元。2009年，我国转基因抗虫棉面积已达380万公顷，占全国棉田总面积的70%，其中国产抗虫棉占93%以上。目前，国产抗虫棉亟须解决的问题是首先遏止黄萎病和次生害虫日趋严重的发展势头，其次要全面提高纤维品质，还要采用转基因技术培育耐盐耐旱棉花品种，这些对确保我国棉花生产的长期稳定发展具有重要的战略意义。

未来我国转基因棉花的研发将围绕解决重大生产问题，开展以下领域的研究：第一，具有我国自主知识产权的新类型转基因抗虫棉的研制、双抗虫转基因棉花的研制，并逐步替代现有的单基因转基因抗虫棉，以确保抗虫性的持久性。第二，抗除草剂转基因棉花的研究，特别是抗虫、抗除草剂双价转基因抗虫棉的研制，以提高植棉效益。第三，抗盐、旱、高温、低温等非生物逆境的转基因棉花的研究，以拓宽棉花的种植区域和环境适应性。第四，高品质转基因棉的研究与应用，特别是纤维强力的提高和长度、强度及细度的合理搭配，以增强国产原棉的国际竞争力。第五，抗黄萎病、盲蝽象以及抗蚜虫转基因棉的研究与应用，以确保棉花高产、稳产、优质。

棉花基因工程目前在研产品有三种：一是利用基因工程方法培育抗除草剂的棉花品种。美国培育出的转基因抗溴苯腈和草甘膦的棉花品种，已大面积用于商业化生产，而且多是把Bt基因与抗除草剂基因导入同一棉花品种中，使其既抗棉铃虫，又抗除草剂。目前我国这方面的研究已取得明显进展。二是利用基因间的协同作用提高植物对各种病害抗性。在提高棉花对黄萎病抗性方面，利用基因间的协同作用已经取得一定成效，但主要集中在几丁酶、β-1、

3-葡聚糖酶等基因。三是抗虫、抗病、抗除草剂和优质等性状复合育种是当前的棉花品种培育热点，但由于转基因技术和载体构建等限制，多基因转化的成功率尚需进一步突破。近年来，棉花基因工程研究的热点问题之一是转纤维改良基因研究，利用转基因技术改进棉纤维性能，目前研究已取得了一定进展。热点之二是转基因抗病、抗棉蚜、耐旱、耐盐碱棉花，国内已有多家研究单位获得了转抗旱、耐盐基因材料，但仍处在试验研究阶段。同时，多基因聚合的复合性状（转双基因和三基因的转基因）也正成为转基因技术研究的重点。

转基因抗病毒番木瓜获准生产应用，标志着我国开始将直接食用的转基因农产品进行产业化推广。

通过转移病毒外壳蛋白等基因获得的抗病毒番木瓜，对生产起到有效的保障作用。这项技术已完成生产性试验和生物安全性评价，于2006年获得农业部颁发的安全证书，允许在广东省生产销售，并于2010年再次获得农业部颁发的安全证书，生产领域扩大到华南地区。这是国内首次获准种植转基因水果，也是实施严格管理多年来第一次批准新的转基因作物在生产上推广应用。

未来可期的是抗病虫转基因水稻的产业化。稻米的主要用途是作为粮食被人直接食用，因此转基因水稻的食品安全问题备受关注并存在争议，限制了转基因水稻的产业化步伐。随着转基因技术的不断完善及人类对转基因水稻安全性的控制和认同，转基因水稻的未来市场是巨大的。我国转基因水稻的研究发展迅速，总体上已达到国际先进水平，部分内容属国际领先，我国在水稻杂交育种方面，如抗虫、抗病、抗逆以及品质改良的转基因水稻育种在国际上具有较强的技术优势，已育成一批抗病虫性好、产量高、品质优的转基因水稻品系。按照国家现行转基因生物安全管理办法的规定，自1999年开始，分别在湖北、福建、安徽等省完成了中试、环境释放、生产性试验等安全评价程序。我国政府于2009年为抗虫转基因水稻“华恢1号”和“Bt汕优63”颁发了安全生产证书，有效期5年，准予其在湖北省范围内进行种植。实际上我国已经在转基因水稻产业化道路上迈出了关键的一步。我国作为世界第二大水稻种植国，更是第一大水稻生产国和消费国，我国要利用在水稻品种研发上具有的比较优势，争取占领转基因水稻未来市场的较大份额。

我国在转基因水稻研究技术方面的进展与国际上同步，在籼稻基因组测序、抗病虫转基因水稻研发以及多基因共转化等领域居领先地位。在水稻基因组测序方面，继2001年我国公布了世界上第一张籼稻全基因组工作框架图，2002年完成了世界首张水稻基因组的“精细图”，2005年完成了粳稻（日本晴）4号染色体的精确测序之后，2010年我国科学家又完成了普通野生稻全基因组框架图谱的绘制，对100个以上的水稻品种进行了重测序。在水稻功能基因组研究方面，我国已创制T-DNA插入水稻突变体近30万个，正在水稻基因功能分析、基因克隆等方面发挥作用。在功能基因克隆方面，我国新近克隆了水稻理想株型基因OsSPL 14，可能在转基因超级稻研发方面会发挥作用。

目前，我国转基因水稻研究主要涉及抗病、抗虫、抗逆、品质改良、生物反应器、功能性和高产等，培育了一大批转基因水稻新材料。我国建立了水稻高效的转基因技术体系。水稻转化效率从40%提高到83%，具备了年转化5 000个基因的能力。在无选择标记、选择标记基因删除、多基因共转化等核心技术创新方面也具有较强的创新能力。华南农业大学研发的水稻多基因转化系统（multigene-stacking Ⅱ）可以将5~8个基因装入同一个载体进行转化，该系统已获得发明专利，我国拥有独立的知识产权。

虽然我国转基因水稻研发取得了较大进展，但也存在一些问题与挑战。例如，在功能基因发掘方面尽管近年来发表了大量的相关论文、申请了大量的专利，但很少有基因进入田间测试来评估其育种利用价值，其结果是具有自主知识产权、有商业利用价值的基因非常少，严重阻碍了转基因育种的可持续发展。

具有重要饲料营养及工业价值的是转基因玉米。我国转基因玉米研发主要集中于增强抗病虫性和抗逆性、改良品质、提高养分利用效率等方面。目前，转植酸酶基因玉米已通过安全评价，具备产业化基础。此外，转Bt基因抗虫玉米（cry1 Ah等）已进入安全评价的环境释放阶段，抗盐碱、高赖氨酸、抗除草剂转基因玉米进入中间试验；抗旱、淀粉品质改良、氮磷高效等转基因玉米已获得稳定株系。

在我国，除青藏高原玉米区未见玉米螟报道外，玉米螟广泛分布于全国各玉米种植区，每年造成减产10%~30%。因此，转基因抗虫玉米在中国的产业化将带来巨大的社会效益、经济效益和生态效益。我国自主育成的转植酸酶基因玉米，种植应用后将为我国食物安全和生态安全做出贡献，因为家畜和家禽会更容易消化饲料中的磷，在促进生长的同时还可以减少粪便中的磷污染，农民也无需另外购买磷酸盐肥料添加到饲料中，从而降低成本，减少设备和劳动力需求，并将产生巨大的经济与社会效益。

目前，我国转基因玉米技术研究致力于不断优化农杆菌介导法、基因枪介导法、花粉管通道法等遗传转化方法，构建规模化转基因技术体系，提高转化效率。同时，在多基因转化、基因删除等研究方面也取得了较大进展。我国自主创立了基于玉米芽尖的转基因技术体系，利用这些技术获得了抗玉米螟、耐盐碱、氮高效利用的转基因玉米株系。目前，采用转基因技术结合分子标记辅助选择及常规育种技术，我国已积累了一大批抗虫、抗除草剂、抗旱、耐盐碱、养分高效利用的转基因玉米新材料。2009 年，转植酸酶基因玉米已获得生产应用安全证书；转 Bt 基因抗虫玉米（cry1 Ah 等）已进入安全评价的环境释放阶段；抗除草剂、耐盐碱等转基因玉米进入中间试验；抗旱、氮/磷高效利用、淀粉品质改良等转基因玉米已获得稳定株系。我国已克隆出一批具有重要应用价值的基因及调控元件。按其功能分类主要包括：抗虫（玉米螟等）、抗除草剂（EPSP 等）、耐旱（DREB、AP9 等）、耐盐碱、品质改良（高直链淀粉、油脂、蛋白质和维生素）、养分高效（氮高效、磷高效）等。目前，这些基因正在进行育种价值评估。

最后，我们还必须论及转基因大豆。目前，转基因大豆涉及的转化体共 15 个，其中 11 个转化体是抗除草剂，4 个转化体与改变油含量有关，都来自美国公司。全球种植面积最大的转基因大豆是抗除草剂转基因大豆。抗除草剂大豆品种主要有两类：第一类也是目前世界生产上利用最多的孟山都公司的抗草甘膦大豆品种“Roundup Ready”，已通过了 20 个国家的食用或环境安全性评价，中国于 2004 年向其颁发了食用安全证书。孟山都公司的第二代抗除草剂大豆“Roundup Ready 2 Yield”（MON89788）大豆由于其受体品种产量较高，更兼具有抗除草剂和高产特性，我国于 2008 年向其颁发了食用安全证书。第二类是拜耳作物科学公司的抗草铵膦大豆品种“Liberty Link”。我国于 2008 年向拜耳作物科学公司的“Liberty Link”（A2704-12）大豆颁发了食用安全证书。这种大豆也在 2008 年 9 月进入欧盟市场，欧盟委员会同意将这种大豆用于生产、加工食品以及饲料，批准的有效期为 10 年。

目前，我国已成为世界上最大的大豆进口国。转基因大豆已经成为我国大豆油生产的主要原料。2009 年，我国大豆进口量达到 4 255.2 万吨，已远远超过我国的大豆总产量 1 450 万吨，进口大豆已占国内需求量的 3/4。我国大豆平均单产 1 652 千克/公顷，美国是 2 600 千克/公顷。由于国内转基因大豆研发相对滞后，对于转基因大豆的研究大多还停留在研究阶段，目前还没有转基因大豆品种投入生产，我国大豆产业的国际竞争力急剧下降，难以抵挡美国、阿根廷、巴西等转基因大豆主产国的巨大冲击。因此，加快具有自主知识产权的转基因大豆的研发及其产业化的社会意义和经济意义十分重大。

我国转基因大豆新品种的研发取得了进展，已获得了一批具有自主知识产权的关键基因，逐步优化了大豆遗传转化体系，已经培育出适合我国不同生态区种植的转基因大豆新品系以及一些高世代材料。其中，具有代表性的进展有：第一，抗除草剂。转 GAT 和 EPSPS 双价基因大豆高抗草甘膦，其中 12 个材料已进入中间试验。第二，抗逆。转 AtNHX1 基因大豆用不同浓度的 NaCl 溶液处理，在营养生长期和生殖生长期的耐盐性都得到了很大程度的提高，已经获准中间试验。转 TaDREB 3 基因大豆在干旱和盐碱胁迫下，产量明显高于野生型植株，已进入中间试验。第三，高油。通过转反义 PEP 基因，含油量明显比受体品种提高，有些品系提高近 4%，达到 23.26%，其中 2 个材料获得环境释放证书。第四，抗病虫。转 cry1 A 和 CpTI 双价抗苜蓿夜蛾大豆，完成中间试验材料 4 份，其中 2 份材料进入环境释放；4 份高抗蚜虫材料获得环境释放证书；获得转 chi 和 rip 双价高抗大豆，完成中间试验材料 2 份，获得环境释放证书 2 份。第五，钾高效。拟南芥钾离子通道 AKT1、丝氨酸/苏氨酸蛋白激酶 CIPK23、钙感受器 CBL1 和 CBL9 4 个基因单独及多个组合，已获得钾高效利用早熟多抗高产的转基因太豆材料，已经获准中间试验。今后我国转基因大豆的研发主要围绕三个方面展开：第一，具有自主知识产权的重要基因的获得。第二，规模化、多基因转基因育种技术的研发。第三，新型转基因产品的研发。为突破水资源短缺和其他逆境条件等限制农业发展的“瓶颈”，培育以抗旱、抗寒、盐碱等非生物逆境作物为代表的转基因作物将成为未来生物技术产业发展的重要方向。注重来源于农作物自身的“绿色基因”的开发利用，也是包括大豆在内的转基因作物育种的重要方向。

2.2.3 转基因植物技术及其产业化发展的特点和趋势

植物转基因技术及其产业已是各国政府和跨国公司支持与投资的重点。发达国家政府在发现植物转基因技术潜在的巨大效益后，纷纷出台国家级研究计划，逐年加大转基因植物研发投入。1998 年，美国政府开始实施“植物基因组计划”，涉及水稻、玉米、小麦、棉花、油料等主要作物，当年专项投资达 4.4 亿美元，1999 年增至 15 亿美元。2000 年生命科学研发投入占国家研发总投入的 49%，2003 年美国生物技术研发费用高达 420 亿美元。同时，许多国家把植物转基因技术产业作为新的经济生长点来培育，采取加强领导、增加投入、吸引人才、抢占专利、培育产业等各类措施，抢占制高点。正因为如此，国际上跨国公司和金融机构纷纷把资金投入植物转基因技术产业，企业已成为植物转基因技术研发的主体。在世界转基因作物市场上，美国孟山都公司占据了 80%的份额，杜邦公司占 3%。德国安万特公司、巴斯夫公司和瑞达公司各占 5%~7%，美国孟山都公司和杜邦公司两家公司在该领域已经或即将投入达

110 亿美元，基于拥有知识产权的功能基因在植物转基因技术产业化发展中的巨大潜力，许多跨国企业都竞相投资，植物转基因技术及其产业化的国际竞争日趋激烈。

转基因作物研发及产业化涉及自主基因获得、基因转移和转基因作物培育、转基因作物产业化推进等多个环节。近年来，转基因作物研发和产业化进程呈现出以下鲜明的发展特点与趋势：

一是对重要基因的自主知识产权和技术专利的争夺加剧。由于新基因具有极高的直接积极回报和潜在经济价值，各国纷纷投巨资于种质资源功能基因的大规模挖掘，抢注基因专利、垄断知识产权，为新兴产业发展抢占先机和战略制高点，世界前 10 大跨国种业公司在这方面专利份额达到了 50%~60%，美国、日本、澳大利亚等国拥有全球 70%以上的水稻基因专利、90%以上的玉米基因专利、80%以上的小麦基因专利和 75%以上的棉花基因专利。在我国，截至 2009 年年底申请的 2 803 项农作物转基因技术专利中，国内科研单位和大学申请的不到 15%，其余 85%的农作物基因产权专利被孟山都公司、杜邦公司和先正达公司等 3 家跨国公司拥有，形势严峻。

二是加快基因工程、分子标记、分子设计、辐射诱变等重大关键技术研究，驱动产品更新和产业化步伐。全球转基因种子市场由 1996 年的 1. 15 亿美元增加到 2008 年的 75 亿美元（占全球种子市场的 20%），年增长率 13. 6%（为常规种子市场增长率的 1 倍多），全球转基因作物种植面积增长了 74 倍，基因工程等重大关键技术成为近年来发展最快的技术。

三是实施全产业链战略，提高产业聚集度。以生物种业为例，通过合资、并购、参股等方式，美国本土和美属跨国企业控制了全球约 50%的种子市场、70%的基因专利、40%的商用种质资源。在国际棉花种业市场上，孟山都和拜耳两家公司各以近 45%的份额占据了全球市场的 90%。我国赋予种子企业经营主体、技术创新主体、参与国际竞争主体等职责，企业围绕市场需求，从种质、技术、专利、育种、区试、繁育、加工、销售等环节，统筹规划，统一组织一体化、流水线式的作业，整合产业资源、完善产业链条、抢占产业上游的龙头，以“官、产、学、研”一体化或者“育、繁、加、销、服、融”一条龙的专业化产业链组织形式，实现技术高端化、布局全球化、生产本土化、加工精深化、管理精细化、服务社会化、效益全环节化，以获得对整个产业链的有效控制和利用。

四是高度重视创新能力建设。创新研发模式以增强自主创新能力，快速提升生物产业的核心技术获取能力、关键技术突破能力、中试能力、转化能力、技术集成能力、产业化能力、产品化能力、技术服务能力与市场策划营销能力为目标。企业定位为技术创新目标的提出者、内容的组织委托者、产品研发的投资者和专利成果的拥有者，以商业合同委托专家实施研发计划，利用全球研究机构和大学的智力资源发现与收购有价值的基因、技术、方法、专利，呈现出高度的计划性。

五是健全生物农业产业的政策法规体系。生物农业产业处于发展的关键时期，各国纷纷制定相应的法规、政策（金融、财政、投资、税收等），推动和促进生物农业产业健康发展。

六是强化国际交流与合作。双边、多边或国际组织间的国际合作，领域越来越广、范围越来越宽、层次越来越深、规模越来越大、强度越来越频繁，广泛参与农业生命科学研究、农业生物技术创新和生物产业发展研究，共享资源、信息和成果，进行人才交流和培养，实现跨越发展、多赢发展和共同发展。

以基因工程、分子设计等技术为核心支撑的生物农业产业已成为美国等发达国家调整产业结构和全球布局、抢占新一轮国际分工的战略基点，其纷纷将发展生物经济作为新兴主导产业的竞争前沿和核心内容。

我国在生物农业技术创新及产业化方面经过多年的积累和发展，也取得了长足的进步，转基因育种产业化取得阶段性突破。截至 2009 年 10 月底，我国已经累计有 7 种转基因植物通过了商品化生产许可，分别是耐贮藏番茄、变色矮牵牛花、抗病毒甜椒和辣椒、抗病毒番茄、抗虫棉花、抗虫欧洲黑杨、抗病毒番木瓜。拥有我国自主知识产权的转基因抗虫水稻和转植酸酶基因玉米于 2009 年 11 月 27 日获得国家发放的生产应用安全证书，这一里程碑性的事件使得我国成为全球首例推出抗虫水稻和转植酸酶基因玉米，并开始进入商业化育种和产业化应用程序的国家。转基因水稻和玉米在中国的批准将会推进并加速转基因作物在其他发展中国家的决策过程，尤其是类似于中国的亚洲国家，这些国家同样面临粮食自给自足的挑战和 2015 年“千年发展目标”，即减轻贫困、饥饿和营养不良，增加小农户的收入。

但与美国等发达国家相比，我国在生物农业产业的知识产权与技术专利意识、核心技术、创新能力、龙头企业、企业技术创新主体、公共市场服务体系发展上以及相关的管理、政策、立法建设等方面存在一定的差距。

2.3 我国转基因食品安全监管现状

我国的转基因食品安全监管现状将从监管的法律体系、监管机构、监管手段和监管制度四个方面进行总结。

2.3.1 我国转基因食品安全监管法律体系

我国目前有关生物安全的法律法规主要包括基因工程安全、农业转基因生物安全、转基因食品安全、转基因药品安全和转基因微生物安全等五个方面。其主要形成脉络如下：

1993 年 12 月 24 日，国家科委发布《基因工程安全管理办法》，用于指导全国的基因工程研究和开发工作，规定从事基因工程实验研究的同时，还应当进行安全性评价。

1996 年 7 月，农业部出台《农业生物基因工程安全管理实施办法》，对农业生物基因工程项目的审批程序、安全评价系统以及法律责任等做出了原则性规定，确定了归口管理的原则，具体实施细则由有关主管部门负责制定。1997 年 3 月，农业部正式开始受理农业生物遗传工程及其产品安全性评价申报书。

2001 年 5 月 23 日，国务院公布了《农业转基因生物安全管理条例》，明确规定农业转基因生物实行安全评价制度、标识管理制度、生产许可制度、经营许可制度和进口安全审批制度，提高了条例的可操作性。其目的是加强农业转基因生物安全管理，保障人体健康和动植物、微生物安全，保护生态环境，促进农业转基因生物技术研究。

2002 年 1 月 5 日，农业部公布了《农业转基因生物安全管理条例》的三个配套文件，第一，《农业转基因生物安全评价管理办法》，评价的是农业转基因生物对人类、动植物、微生物和生态环境构成的危险或者潜在的风险。该办法具体规定了转基因植物、动物、微生物的安全性评价的项目、试验方案和各阶段安全性评价的申报要求。第二，《农业转基因生物标识管理办法》，规定了对于转基因生物标识的管理措施。该办法规定，不得销售或进口未标识和不按规定标识的农业转基因生物，其标识应当标明产品中含有转基因成分的主要原料名称；有特殊销售范围要求的，还应当明确标注，并在指定范围内销售；进口农业转基因生物不按规定标识的，重新标识后方可入境。第三，《农业转基因生物进口安全管理办法》，规定了对于进口的转基因生物的安全性的管理办法。该办法规定，对于进口的农业转基因生物，按照用于研究和试验的、用于生产的以及用作加工原料的三种用途实行管理。进口农业转基因生物，没有国务院农业行政主管部门颁发的农业转基因生物安全证书和相关批准文件的，或者与证书、批准文件不符的，做退货或者销毁处理。

2002 年 4 月 8 日，卫生部根据《中华人民共和国食品卫生法》和《农业转基因生物安全管理条例》，制定并公布了《转基因食品卫生管理办法》，其目的是加强对转基因食品的监督管理，保障消费者的健康权和知情权。该办法要求转基因食品的食用安全性和营养质量不得低于对应的原有食品。卫生部建立转基因食品食用安全性和营养质量评价制度，制定并颁布转基因食品食用安全性和营养质量评价规程及有关标准，评价采用危险性评价、实质等同、个案处理等原则。

2009 年 2 月 28 日，《中华人民共和国食品安全法》（以下简称《食品安全法》）颁布，并于 2009 年 6 月 1 日起正式实施，实施之日起《中华人民共和国食品卫生法》同时废止。《食品安全法》明确了转基因食品的安全管理优先适用其他相关法律，即《农业转基因生物安全管理条例》；在该条例没有规定的情况下，适用《食品安全法》。《食品安全法》提出转基因食品是以品种管理为主，突破了分段管理为主、品种管理为辅的模式。

这些相关法律按照潜在的危险程度将基因工程分为四个安全等级，对农业生物基因工程项目的审批程序、安全评价系统以及法律责任等做出原则性规定，即规定农业转基因生物实行安全评价制度、标识管理制度、生产许可制度、经营许可制度、进口安全审批制度；具体规定了植物、动物、微生物安全性评价的项目、试验方案和各阶段安全性评价的申报要求，明确规定了转基因生物标识的管理措施，即转基因生物标识应当标明产品中含有转基因成分的主要原料名称，不得销售或进口未标识和不按规定标识的农业转基因生物；对于进口的农业转基因生物，按照用于研究和试验的、用于生产的以及用作加工原料的三种用途实行管理；明确提出了转基因食品的安全管理优先适用《农业转基因生物安全管理条例》，在该条例没有规定的情况下，适用《食品安全法》，并提出转基因食品是以品种管理为主，进一步强化各部门在食品安全监管方面的职责，落实企业作为食品安全第一责任人的责任，强化事先预防和生产经营过程控制以及发生食品安全事故后的可追溯。

2.3.2 我国转基因食品安全监管机构

我国转基因作物的种植，转基因食品的生产、销售和进口监管涉及农业、检疫、工商、质监等多个部门，归纳起来有四个层面，一是由农业农村部、国家发展改革委员会、科技部、国家卫生健康委员会、商务部、国家市场监督管理总局、生态环境部等7个部门联合组成的部际联席会；二是设在农业农村部的农业转基因生物安全管理领导小组；三是该小组下设的办公室；四是县以上各级农业行政主管部门。

具体到监管过程又可细分为：农业农村部负责对转基因作物实行安全评价审批、标识申报和农业转基因生物进口的安全管理工作；农业行政主管部门负责全国农业转基因生物安全的监督管理工作；农业农村部委托的技术检测机构负责出具检测报告；生态环境部负责转基因产品的安全评估涉及的环境污染的评估和管理；国家农业转基因生物安全委员会负责我国农业转基因生物的安全评价工作；国家市场监督管理总局负责全国进出境转基因产品的检验检疫管理工作；卫生行政主管部门负责转基因食品卫生安全的监督管理工作；科技部负责转基因产品的技术研发；商务部有转基因产品的进出口管理权（王敏、王秀玲，2006）等。

一定程度上的混乱的监管过程和冗繁的监管机构造成监管权责不清且效率低下的问题。例如，在联合国《生物安全议定书》框架中，转基因作物进口要先向设在各国的联络点通报，根据惯例我国的联络点设在国家生态环境部，但根据我国现行管理体制，是由农业农村部行使转基因安全管理上的主要职能（吴椒军，2008）。国务院食品安全委员会虽然有农业农村部、国家卫生健康委员会、生态环境部等多个部门参加，真正起作用的恐怕仍然是所谓的“级别威慑”。在非常时期，国务院食品安全委员会可能会对各部委的协调起到相应的作用，但在社会常态时期，国务院食品安全委员会的作用就可能被虚化。因此，国务院食品安全委员会下应设立一个转基因食品安全监管综合平台，负责食品安全委员会的日常职能，统筹和协调各个职能部门，并进行集中监管，同时细化和明晰各部门在其中的职权范围，形成有法可依、有章可循的监管体系。

2.3.3 我国转基因食品安全监管手段

在转基因技术的发展、应用和市场化推广过程中，对其进行安全评价可最大限度地避免风险。例如，对转基因植物进行安全性评价，根据积累的数据判断转基因植物的田间释放或大规模商品化生产是否安全，并对转基因植物长期效应进行跟踪研究，可以确定能否长期使用，避免危及人类生存及破坏生态环境等。在转基因安全风险评价技术方面，我国在转基因水稻、转基因抗虫棉环境生态学效应、转基因水稻基因漂流安全数据以及食用安全性评价研究、转基因稻米营养分析和食用安全评价数据、转基因成分检测技术等方面取得了长足的进展，转基因抗虫水稻、抗虫棉安全性评价体系已基本建立（张志是、付秀芹等，2007）。

2002 年，《农业转基因生物安全评价管理办法》中规定，凡是在中华人民共和国境内从事农业转基因生物的研究、试验、生产、加工、经营和进口、出口活动的都应进行安全评价工作，由设立的国家农业转基因生物安全委员会负责具体实施。按照对人类、动植物、微生物和生态环境的危险程度，该办法规定将农业转基因生物分为四个等级进行评价。评价的过程包括对受体生物安全等级评定、基因操作对受体生物安全等级影响评定、转基因生物安全等级评定、生产加工活动对转基因生物安全影响评定、转基因产品安全等级评定五个程序。在进行安全等级评定工作时，相关人员应严格按照程序要求分阶段向农业转基因生物安全管理办公室进行申报，通过审批后方可进行相应工作。

对转基因生物安全的技术检测机构主要受农业农村部委托，并没有专门设立机构。例如，在对转基因水稻的安全评价中，作为转基因水稻安全证书审批结果的“2009 年第二批农业转基因生物安全证书批准清单”于 2009 年 10 月 22 日发布在由农业部农业转基因生物安全管理办公室主办的中国生物安全网上。这个网站是专业性内容较强的网站，一般大众很难注意到这个网站的内容更新，这也导致公众在很长时间之后才获知这一消息。从转基因水稻安全证书的评审过程中明显可以看出，我国转基因产品的安全评价制度及具体安全评价过程存在着一定的问题，其原因是评价制度上没有严格规定遵循公开的工作程序。这种相对封闭的评价过程不透明、只有少数人了解的审批过程，没有向公众传达必要的、清晰的信息，饱受国内外社会公众的质疑。

这种现象在公开制度、听证制度还不够开放的情况下是普遍存在的，单就转基因安全证书评价这一行为来说，产生这种情况的原因可能是评价行为专业性较强、公众参与的难度较大。

2.3.4 转基因食品安全监管制度

总结与转基因食品安全相关的监管制度共有五项，分别是申请许可制度、产品标识制度、可追溯制度、召回制度和损害赔偿制度。这些制度的内容主要包括以下三个方面：第一，转基因食品必须符合食品市场安全标准；第二，确保消费者享有知情权和选择权；第三，一旦发生食品安全事件，确保能够迅速追踪到全部商品，并使消费者获得应享受的保障赔偿。

申请许可制度是指转基因产品需要向主管部门进行登记申请，经过主管部门检测审批，取得安全认证或官方授权后，才能获得进行生产经营、投放市场或进出口的资格。这一制度的目的是防止个人或个别厂商私自进行转基因产品的生产。我国在 2001 年由国务院颁布的《农业转基因生物安全管理条例》和 2002 年由农业部颁布的《农业转基因生物安全评价管理办法》规定了我国两类转基因产品的审批制度，一类是对进口生产和加工原料用转基因农产品的安全审批，另一类是对研究实验和生产应用的安全审批。申报审批过程中进口者要按照不同用途提交不同的材料证明，包括输出国相应用途使用的证明文件、进口后的安全防范措施证明文件等。审批合格后，国务院农业行政主管部门应当颁发农业转基因生物安全证书，确定进口转基因生物的合法性。这一制度被美国和加拿大认为在内容上缺乏合理的明确性与可操作性，没有向贸易商提供明确的程序规定（宋锡祥，2008）。

产品标识制度是为了满足消费者在选择食品时的知情选择权，即消费者有权选择转基因食品或是非转基因食品，有权知道转基因食品中转入的基因和成分而对转基因食品进行标记的制度。产品标识制度分为自愿标识（Voluntary Labeling）与强制性标识（Mandatory Labeling）两种。自愿标识是指生产者或销售者自愿对转基因食品进行标识；强制性标识是指所有转基因产品（包括转基因物质含量超过规定含量的动物饲料、植物油、种子和副产品）都必须有标签清楚地标明“本产品为转基因产品”。标识转基因成分可以让某些消费者回避特定的物质和饮食禁忌。

根据《中华人民共和国消费者权益保护法》的规定，消费者享有知悉其购买、使用商品或者接受的服务的真实情况的权利。根据《农业转基因生物标识管理办法》的规定，自 2002 年 3 月 20 日起，凡在中国境内销售的大豆、玉米、油菜籽等 5 类 17 种转基因食品及其制品，采用肯定标签与否定标签相结合折衷主义做法，必须标识“转基因××食品”或“以转基因食品为原料”，未标识和未按规定标识的，不得进口和销售。但目前我国转基因食品的标识管理由于法规不健全、操作性不强、缺乏管理主体、处罚力度轻等原因实施缓慢，并且我国现行法律法规中对转基因成分的容许量也没有一个比例上的限额，各种没有转基因标识的转基因食品仍然在各地市场上销售，需要进一步加强管理。

可回溯制度使转基因农产品的标签内容有据可查，同时通过对流通地区和消费地区的长期监测，可以评价转基因食品对公众健康和环境的潜在影响，并及时反馈到相关管理部门。当某一地区发现不良影响时，其可以通过登记记录快速查询并停止转基因食品在其他销售地区的继续流通（徐进，2007）。

我国目前支持企业建设完善的食品溯源制度，初步搭建了食品追溯信息体系和网络交换平台，已经逐步制定了一些相关的标准和指南，但主要集中于动物溯源领域，转基因产品的可回溯制度尚未建立。

转基因食品召回制度是一种改正或矫正行为。作为一种积极有效的补救措施，转基因食品召回制度包括厂商为了保护消费者免遭受到转基因成分污染的食品带来的健康威胁、未标识的转基因食品及不合格的转基因食品的潜在不利影响而采取的各种措施和政府利用行政机关强制性的召回权利。召回制度应当建立在完善的可回溯体系之上。

转基因食品召回制度分为自愿性召回和强制性召回。自愿性召回是指厂商有理由认为其产品违反了转基因产品的相关规定时，为了消除其影响、保护消费者健康安全，而在政府召回之前自愿采取的收回食品和其他预防措施；强制性召回是指如果食品企业不能自愿召回不安全食品，政府管理部门可以要求食品企业召回，如果企业拒绝执行，政府部门可以依法采取强制措施。作为一种辅助手段，强制性召回主要是为确保政府对少数不服从企业的监管。产品标识制度和可回溯制度都体现了召回制度的内容。

转基因食品安全的保障制度是指为保障消费者的消费安全，政府在特定情况下可以采取措施，干预转基因食品的生产和销售。我国目前的转基因食品安全保障制度处于空白状态。转基因食品的损害赔偿制度目的是在消费者购买转基因食品后，若对其人身、财产带来损害，可以对其进行赔偿或救助。我国法律对转基因损害赔偿没有明确的规定，而转基因食品的危害具有潜在性，其潜伏期可能需要 30 年、50 年甚至更长的时间才能显现出来。因此，现阶段我国的法律体系对于转基因食品的消费者的保护是不足的。

2.4 农业转基因技术的经济影响

自转基因作物问世以来，对其争论就一直没有停止过。一些研究认为转基因作物减少了农药的使用量，节约了田间用工量，增加了棉农收入，能带来巨大的经济和社会效益（Huang，2002 ；Pray，2001）。最乐观的评价是 2011 年 2 月国际农业生物技术组织（ISAAA）出版的年度报告发布的研究结论：农业转基因技术的经济影响包括四个方面：一是提高产量和农民收入。1996—2009 年，农业转基因技术给农民带来收入 650 亿美元，其中 44%得益于降低成本，

56%得益于采用转基因技术增加的2.29亿吨产量；同时转基因作物取得的收益惠及传统作物。二是生物多样性保护方面的作用。由转基因技术在15亿公顷的耕地上可以获得双倍产量，增加的2.29亿吨粮食，按常规技术水平需要额外的7 500万公顷的耕地来生产，但实际上，在发展中国家每年土壤流失1 300万公顷。因此，转基因种植技术是一种土地节约技术，从而保护森林或生物多样性。三是对环境影响。采用转基因技术可以减少农业的外部投入需要，1996—2009年，节省了3.93亿千克杀虫剂；仅2009年就减少了180亿千克二氧化碳排放量，切实为气候变化做出了贡献。同时，生物技术配合免耕法实现了粗放农业经营，有利于水土保持。四是实现了社会效益。2010年，农业转基因技术为1 440万资源贫乏的小农户减贫，社会福利初步显现。

一些研究认为转基因作物并不能增加农户收入，反而使他们陷入债务危机（Grain，2005），获益的只是那些拥有知识产权的生物公司或研究人员；另外，转基因作物也可能对农业生态产生负面影响（如生物多样性降低、虫害种群的稳定性下降和基因漂移以及消费者自身健康等问题）。

这一系列截然相反的争论使得包括中国在内的大多数国家在制定发展转基因技术的产业政策时不得不采取谨慎态度。

目前关于转基因作物的经济影响评价的研究，主要包括其科研投入、产出的计量，福利分配的变化，人类健康与生态环境的影响等。这里仅就该技术对生产者经济效益、经济剩余分配方面的研究进行综述。

2.4.1 转基因农作物对生产者经济效益的影响

目前转基因生物技术比较成功也是推广面积最大的作物主要是棉花和一些粮食作物，国内外不乏论述转基因作物经济影响的文献。其中，在Bt作物对农户生产的影响方面的研究较多。这类研究主要从农药的使用入手，因为Bt作物的主要特性就是防治虫害。如何测定农药的生产率就成为分析转Bt作物对生产影响的重点问题。

例如，一篇关于墨西哥转基因抗虫棉经济和环境影响的研究报告认为，该技术在墨西哥的推广的确减少了农药投入并降低了生产成本。由于孟山都公司对转基因抗虫棉种子市场的垄断，种子定价高于种子的边际生产成本。只有在农业基础设施较好以及物质、金融和知识投入有保证的农区，也就是说只有条件较好的农民才有可能成功采用该技术（Traxleret，2001）。对南非农民Bt抗虫棉采用经济影响的分析同样发现该技术减少了农药投入并提高了产量，这些收益高于由于种子价格提高增加的成本。但是研究发现只有那些有一定经验的、年长的农民，并且农场规模较大的农民对该技术具有较高的采用率。

由于该类作物的抗虫性，其成为农药的替代品，因此对农药生产率的测定就成为这些文献分析的又一个研究重点。传统的测算方法就是采用C-D生产函数（Headley，1965），但后来一些经济学家指出了该方法的缺点并且对其进行了改进，提出了利用损失控制生产函数进行分析。

农药生产率的测定：农药生产率的测定方法是一个发展的过程。经济学家们开始把农药作为一种普通的生产要素引入传统的生产函数中去（Headley，1968），即假定农药跟氮肥等其他要素一样，都可以提高作物产量。黑德利（Headley）利用柯布-道格拉斯（Cobb-Douglas，C-D）生产函数，估算了美国1955—1963年农药施用的边际生产率。该方法没有意识到农药仅是控制损害的因素之一，并且只有存在虫害时才能发挥作用。结果往往高估农药的生产率，既没有考虑虫害的发生程度，也没有考虑其他损害控制因素（如农艺行为和自然控制因素等）。有些经济学家意识到这一弱点，指出该方法高估了农药的生产率，他们将损失控制生产函数（Damage Control Production Function）跟传统的C-D生产函数结合起来，估计农药的边际生产率（Lichtenberg和Zilberman，1986）。后来许多经济学家将这一方法用于实证研究。例如巴布科克等（Babcock等，1992）曾经利用对北卡罗来纳州的苹果生产者调查的数据，采用考虑了损失控制的C-D生产函数进行分析，结果认为忽视自然的损失控制因素的确会高估采用农药的边际生产率，这些自然的损失控制因素包括害虫天敌等自然因素，而自然的损失控制因素与农业生态关系密切。

农药使用和回避风险：农户大量喷洒农药的另一个原因可能是他们要避免风险。潘内尔（Pannell，1991）通过实证研究得出的结论是最优的农药使用量下，纯风险可能很小。正是对一些不确定性因素，如病虫害的密度和危害程度的考虑，导致农户为了避免风险而使用较多农药。在考虑不确定性的前提下，产出价格和产量等因素会使农户减少农药的使用。前者会降低而后者则会提高农药的边际生产率，降低风险可能是农户采用Bt技术的原因之一。在对农药的使用做更深入的经济分析后，研究者得出结论，即随着时间的推移，生物过程（如害虫对农药的抗性等）、农药对生态系统和害虫天敌的负面影响都将对农药生产率产生影响（Carlson，1977）。

Bt抗病番木瓜的主要特点就是抗番木瓜环斑花叶病毒（PRSV），实际上还有一些转基因作物的特点是抗虫害。无论是强调抗虫性状还是抗病性状的作物，都可以利用对农药生产率进行分析的原则进行探讨。这里有三点需要指出：第一，Bt作物的抗病性状应该作为一个损失控制变量而不是作为一个能够增加产量的投入品引入到生产函数中去。实际上作物携带了 Bt 基因，就相当于把农药植入了作物体内。第二，需要检验转基因品种是的确能降低风险还是相反，与其他植保技术相比是否会增加风险。转基因作物未知的对生态和人类健康的影响、消费者对于转基因作物的反应对于许多发展中国家政治决策具有影响（Paarlberg，2001）。第三，必须对大规模引入转基因作物以后对于自然资源的影响做经济分析。新的能够超越抗性性状的生物型、基因的异型杂交和转基因作物残留的延期影响都是需要考虑的因素。

虽然我国采用生物技术历史比较悠久，但是对于转基因作物技术、经济、社会、生态方面的影响的全面研究才是近几年的事情，可以说还属于研究的起步阶段，这方面的研究成果并不多。因此，作物的大面积推广及研究数据的可获得性在一定程度上影响了对转基因作物的经济与福利研究。

最早进行转基因生物技术的经济影响研究的是中国科学院农业政策研究中心（CCPA）黄季焜、胡瑞发等一批学者。2000 年，苏军、黄季焜、乔方彬根据中国科学院农业政策研究中心对转基因抗虫棉一年来的实地调查，发表了《转 Bt 基因抗虫棉生产的经济效益分析》一文，主要是对 Bt 棉的投入成本和产值进行了简单分析。后来在继续追踪调查的基础上，他们利用损失控制函数理论，分析了农药对水稻生产和转基因抗虫棉对于中国棉花生产的影响（Huang 等，2000；黄季焜，2001；Huang 等，2002）。结果表明，利用损失控制生产函数估计农药的边际生产率比利用 C-D 生产函数估计的结果更合理。他们的研究表明，农民种植 Bt 棉以后，通过产量的提高和农药使用成本的降低，提高了净收入。同时，由于农药使用量的减少，农民的健康状况也得到改善（Pray 等，2001）。

范存会、黄季焜在 2004 年发表的《生物技术经济影响的分析方法与应用》一文中以转基因抗虫棉为案例，从其对生产者、社会福利分配的影响和技术的外部性三方面概述了相关的研究方法。其中，对生产者影响研究方法的重点是对农药生产率的测定，同时讨论了规避风险和生物过程与农药使用的关系；社会福利分配的研究方法论述了采用完全市场模型的必然性；技术的外部性则讨论了转基因作物的收益评估与外部成本。

张德亮在《转基因作物经济研究综述》（2005）一文中首次对转基因作物经济研究的内容、方法和结果进行探讨总结，并在此基础上展望了这个领域进一步可能研究的方向。他认为转基因作物经济研究的主要内容有生产成本收益分析、与消费相关的分析、安全管理方面的成本收益分析以及经济贸易和福利分配分析。

张社梅在《国产转基因棉花科研与应用的经济分析》（2007）一文中认为具有中国自主知识产权的转基因棉花的研发成功是我国转基因农作物技术进展的标志，其在生产实践中的大面积推广应用为稳定棉花生产、增加植棉效益、保护生态环境做出了巨大贡献。

王贵彦和梁卫理等在《转基因作物生产应用效果综合分析与评价——以转基因抗虫棉为例》（2007）一文中认为转基因技术的应用效果与农户生产行为、认知等存在交互作用，农户存在规避风险、追求利润最大化的经济生产行为，但也存在生产管理和投入的盲目性。他们在对河北广宗、肥乡、深州、河间等地实际调查访谈的基础上，得出转基因棉较好的种子质量、棉农的高投入以及精心管理等因素对产量和效益都起到了积极作用的结论。

以上研究都证明转基因作物可以提高农民收入。美国抗虫棉使每公顷收益平均增加 49 美元（Gianessi 等，2002）。在加拿大，抗除草剂油菜每公顷能增加 28 美元（Fulton & Keyowshi，1999）。在美国，虽然抗除草剂大豆对平均净收益没有影响（Fernandez-Cornejo & McBride，2002），但接受最广泛、最快的就是具有抗除草剂的转基因大豆，其种植面积逐年增长，1997 年增长率为 17%，1999 年增长率为 56%，2001 年增长率为 68%，2004 年增长率达到 85%。抗除草剂大豆种植面积的快速增长，充分表明农民收益是提高的，它使得管理更加容易并节省时间，只是这些影响没有计算在“净收益”中。研究还表明，农业转基因技术对发展中国家的单产和农民收入的影响更加显著（Anderson 等，2004；Matin & David，2003；Pray 等，2001；Falck-Zepeda 等，2000；ERS，2001；Huang 等，2002），收入较低的农民从种植转基因农作物中会得到更多好处（Pray 等，2002；Huang 等，2002）。

转基因农作物能够提高农民健康状况。在中国和印度的研究表明，Bt 抗虫棉不但能够显著提高农民收入，而且可以减少农药喷洒次数，降低农民中毒概率；有助于提高农民的健康状况（Matin & David，2003；Huang 等，2002；范存会，2002）。在中国抗虫水稻生产性试验地区的研究表明，在抗虫水稻地块上发生农户中毒的概率为零，而相应地在非转基因水稻上的中毒概率为 3%~16.7%（Huang，2005）。农民健康是影响农民收入的重要因素（张车伟，2003；魏众，2004），转基因作物可以提高农民健康水平，从而间接增加农民收入。

值得指出的是，转基因农作物带来的收益在不同地区会有所区别。由于不同地区病虫和杂草的危害程度不同，种植转基因作物的收益会有所差别。美国一些病虫害不是很严重的地区，抗虫玉米对产量提高不明显，不足以抵消抗虫玉米种子较高的价格（Fernandez-Cornejo & McBride，2002）。中国抗虫棉研究也有类似结论，抗虫棉收益在棉花病虫害严重程度不同的地区有显著差别（范存会，2002）。

2.4.2 转基因农作物的经济剩余分配的影响

经济学家对传统的农业技术变化影响的分析都是以完全市场化模型为基础的。农户采用转基因作物以后，降低了生产的边际成本，使产品的供给曲线向左移动，需求不变的情况下，会带来经济剩余，完全市场模型可以计算这些经济剩余在不同利益群体之间的分配。

除了上述问题外，我们还应认识到，如果与该生物技术相应的农产品没有被完全销售或者由于市场条件落后带来较高的交易成本，利用市场模型会高估新技术的收益。如果该技术对于自然资源和环境存在负的外部性，结果亦然。相反，如果该生物技术对环境和自然资源的管理存在正的外部性，那么该模型会低估其收益，因为对于这些正的或负的外部性，市场是失灵的。国外已有很多经济学家分析过农民采用生物技术以后的经济影响，这些影响主要从收益评估和外部性成本进行分析。

收益评估：对技术的收益进行评估，首先有必要准确测度技术对农业生产率的影响。选择合适的模型测算收益和搜集能够体现生产实际的数据同样重要。研究部门的试验数据并不适合用于考察转基因作物在农业生产中对虫害的控制，因为这些部门在考察作物抗虫性的试验条件下，虫害压力要高于实际的虫害压力。从对种植转基因品种和普通作物品种的农户进行调查得到的数据看，存在的问题是抽样偏差（Fernandez 等，2000）。应该采取的数据是对同一季作物在农田水平上的观测，同时考虑到产出的不同阶段。数据采集可以仿照社会学传统的试验设计方案，把采用该技术之前、之后以及采用这项技术、没有采用这项技术的样本进行对比。

外部性成本：使用农药造成的外部负效用很难内部化，因为这种效用只在长期才会表现出来，并且受到这种外部负效用影响的是公共产权资源。例如，害虫对农药的抗性就是这种负效用的表现。其产生需要一段时间，产生的原因是所有农民都使用农药。同样，农户如果种植对虫害具有抗性的作物品种，害虫可能也会由此对这类作物品种产生抗性。这些对抗虫作物具有抗性的害虫，可能是自然突变或基因重组的结果。已有研究发现有些被防治的害虫种群中出现了对 Bt 基因具有抗性的个体（Gould 等，1997）。这时转基因作物中新的基因还会有残留。作物原有的抗性对具有新的基因型的害虫和变化以后的害虫种群而言已经丧失，这也被当作虫害管理自然资源的损耗。

害虫抗性发展的成本和防治（或推迟）产生的收益的计量可以利用分析害虫抗性出现的时间（也被称为作物品种抗性失效的时间）和作物品种的有效价格等于替代技术成本的时间，通过一组投入变量，在给定的范围和变量分布型基础上，通过随机处理程序，产生累积概率分布目标变量的值。

2.4.3 转基因农作物对消费者福利的影响

对于经济效益的争论，多数研究都认为转基因技术给经济带来正面效应。转基因作物的应用不但提高了农作物的单产水平和农民收入，同时减少了农药使用，改善了环境和健康。发展中国家比发达国家更加需要转基因技术，因为农业转基因技术对单位产量和农民收入的影响更显著（Huang 等，2002）。发展中国家包括中国、阿根廷、巴西、埃及以及印度等都是转基因作物的主要种植国，对这些国家而言，转基因食品不是奢侈品，而是生存必需品，利用转基因技术发展农业是解决吃饭问题的重要出路之一（黄昆仑等，2009）。转基因水稻商业化后，不仅向其他产业提供更便宜的产品，而且释放资本和劳动力，继而降低其他产业部门的生产成本，增加其国际竞争力（杨军，2008）。在最为乐观的情况下，2002—2010 年，如果我国对转基因棉花和转基因水稻同时实行商业化，2010 年我国会每年增加约 50 亿美元的福利效益（黄季焜等，2002）。

改变农艺特性的第一代转基因作物会通过较低的价格给消费者带来间接利益，未来改变营养品质的第二代转基因作物还会给消费者带来直接利益。第一代转基因作物能够降低生产成本，通过市场的供需调节，转基因产品的市场价格将下降，同时那些使用转基因产品作为中间投入的商品价格也会下降，因此消费者将从较低的价格中获得好处（Matin，2001；Matin，1999；Anderson & Yao；2003；Huang，2003；Anderson，2002）。改善营养品质的转基因产品能够提高消费者的健康状况，其收益是极大的。有研究者（Roukayatou & Matin，2003）对菲律宾生产“金米”的“事前”分析表明，如果生产“金米”，菲律宾每年收益会增长 0.23 亿~1.37 亿美元。这能够有效缓解贫困问题，显著提高发展中国家的总福利（Anderson，2004）。

在考虑消费者偏好的情况下，种植转基因农作物依然能改进各国的福利。由于各个国家的消费者对转基因产品的接受程度存在明显差别，欧洲国家和收入较高的亚洲国家对转基因食品的接受程度低，而且还有下降趋势（Hoban，1997；Gaskell，2000；Susanna，2000）。相反，在不发达或欠发达地区，转基因食品的接受程度则相对较高。在市场分离和不同消费偏好的情况下，转基因产品和非转基因产品间会出现一定的价格差，各国的总福利还是增加的。如果一些富裕国家消费者接受程度下降，世界总福利会有所减少，转基因产品的价格下降幅度会更大，接受转基因产品的消费者将会得到更多利益（Nielsen，2003；Nielsen，2001）。

在一系列的争论中，起决定作用的是消费者。一方面，消费者对转基因食品的接受程度和购买行为直接决定经营转基因食品的企业能否获利。假如消费者拒买转基因食品，那么企业将不可能再从事有关转基因食品的研发和生产。另一方面，消费者对转基因食品的购买行为也会直接影响政府对转基因食品的安全管理决策。我国在转基因技术方面的投资更多来自公共资金，转基因食品的相关政策关系到消费者的切身利益（丁玉莲，2004）。因此，政策必须得到群众的认可，而且要尊重消费者的意愿和市场的需求。

2.4.4 转基因农产品对经济影响的研究方法

第一，应用于事后分析的统计和计量方法，一般是研究转基因产品对生产投入和产出影响。第二，部门均衡模型，即将生产投入和产出的影响扩展到某一个行业部门，研究行业生产者和消费者的福利变化。第三，一般均衡模型（CGE），即将研究的范围扩展到整个经济领域，研究对各个经济部门的影响。第四，其他研究方法，主要研究营养品质改良的转基因产品的经济影响。下面对这四种方法进行简要评述。

经济计量方法和统计方法主要用于“事后”分析，在转基因作物商业化生产以后，通过收集生产数据，估算出转基因品种对投入和产出的影响。目前，这种方法主要侧重于对农户生产层次的研究（Pray，2001；黄季焜等，2002；范存会，2003；Matin & David，2003；Janet，2001；Huang 等，2005）。在计量分析中，一般采用的是农药施用模型和损失控制生产函数模型（Damage Control Production Function）。然而，一般的农药施用模型会高估农药的边际生产率，因为农药仅是控制损害的因素之一（范存会和黄季焜，2004）；而损失控制生产函数能够很好地弥补这一不足，因此在抗虫转基因作物的研究中得到较广泛的应用。一些研究者（范存会，2003；Huang 等，2004，2005）利用这一方法对 Bt 抗虫棉和抗虫水稻生产的影响进行了分析。

部门均衡模型把经济系统中的某一部门从整体中分离出来，只观察这一部门的变量，把其他部分假定为不变。通过部门均衡模型可以将一个部门内的复杂变化描述得更加仔细和具体，而且对数据量的要求也较小。但这种方法把系统内各市场之间的相互作用以及整个经济面临的约束忽略不计。因此，只有当研究的局部在整个经济中的份额较小，对其他部分影响不显著时，所得结论才比较准确（Hertel，1990）。在部门均衡模型中包含了生产和消费两个方面，可以模拟对生产者和消费者以及整个经济的福利影响。例如，马丁（Matin，1999；2001）对墨西哥抗病毒基因土豆和红薯的研究以及范存会（2003）对中国转基因棉花的研究。他们的研究结果表明，转基因作物可以改进消费者和生产者的福利。部门均衡模型还可以通过不同的情景分析，研究不同政策选择对经济的影响，为制定相关政策提供有价值的决策依据。例如，马丁（Matin，1999）研究认为，如果墨西哥政府能建立特殊的种子分配机制，对小生产者获得转基因土豆种子给予一定补贴，使中小生产者更容易得到新品种的种子，就能够使中小规模生产者所得份额增加，减少社会贫富差距，大大提高社会整体福利。

一般均衡模型克服了部门均衡模型的四项不足。第一，增添了有效的资源约束，当资源被一个部门更多占用时，其他部门可利用的资源就会减少；第二，在一般均衡模型中，对某一部门的补贴是以其他部门的税负增加为代价的，而在部门均衡模型中，没有回答谁来支付额外补贴；第三，消费的预算约束内生化，体现了要素收入和消费支出之间的关系；第四，在一般均衡模型中，模型有一致性检验方法（Heter，1990）。一般均衡模型包含了经济中所有的部门，因此不仅可以模拟某一部门变化后对上游和下游产业的纵向影响，同时可以模拟产业间的横向影响。在多国的一般均衡模型中，通过国家间的贸易联系，还可以模拟分析技术变革对其他国家经济的影响（Frisvold，1997）。目前，在分析转基因技术对经济和国际贸易的影响时，由美国普渡大学开发的全球贸易分析模型（GTAP）是被广泛采用的模型之一，目前对转基因技术贸易影响的大部分研究都基于GTAP模型（Anderson & Yao，2003；Huang等，2004；Anderson等，2002；Anderson等，2004）。但是GTAP等一般均衡模型也存在一些缺陷。例如，一般均衡模型需要的数据量较大，数据的准确性较低；模型中的很多弹性是模型标定（Calibration）的结果，而非计量经济模型的估计结果，与实际存在较大的偏差。同时，模型还假设消费者信息是完全的，市场是完全竞争和均衡的，当这些假设与实际情况不一致时，所得结论就不够准确。

对一些特殊问题，还有其他研究方法。有研究者（Roukayatou & Matin，2003）应用按伤残调整的生命年限指标（Disability - Adjusted Life Years，DALYs）对菲律宾采用“金米”后的收益进行研究。他们认为，品质的改进会增加消费者的支付意愿，需求曲线会向上移动，但消费者提高支付意愿的前提是质量的改进被消费者认同，对于“金米”而言，这一假设是有问题的。因为在菲律宾，低收入人群对维生素 A 缺乏的认识程度是很低的，即便认识程度较高，贫困也会阻碍对营养的需要转化为有效的市场需求，所以应用市场模型模拟“金米”的收益是不合适的。他们首次将 DALYs 应用于增加营养的食品评价中，其结论为：菲律宾的收益是巨大的，乐观估计每年的收益是 1.37 亿美元，保守估计每年的收益是 0.23 亿美元，内部收益率在 81%~152%，远远高于改进其他农艺性状科研投资的收益。

总之，统计和计量的方法主要用于“事后”研究，即通过对转基因生产或试验数据的收集和分析，估计转基因作物在微观层次上对农民投入和产出的影响。其他几种方法可在计量方法的基础上，进行“事前”分析，将研究的领域扩展到本部门、一个国家和整个世界，相对应的模型为部门均衡模型、国家 CGE 模型和全球 CGE 模型，这些模型可以模拟分析技术变革对生产、消费、价格变化以及进出口等影响；可以通过对不同的政策假设，比较不同政策影响的差别，为决策提供有价值的依据。

2.5 农户对转基因技术需求及采用的研究进展

罗杰斯（Rogers）定义技术的采用过程是一个个体从第一次听到一项新技术的相关信息到最终采用的一个心理过程。但是从严格的理论定义和实证分析的角度来讲，必须要有一个严格的量化能够在个体采用（农民水平下）和加总的技术采用之间区分的定义。因此，个体农民的最终技术采用定义为当农民具备了有关新技术及其生产潜力的全部信息时，在长期的均衡状态下使用新技术的程度（Feder & Zilberman，1985）。在实际生产过程中，农户的技术采用行为受到多种因素的制约，主要包括生产要素的禀赋条件、农户的特征、风险与不确定性因素、获取农业技术信息的渠道等因素以及农户所处的社会关系网络结构等，本部分对上述影响因素研究的相关文献及农户技术采用过程研究的文献进行回顾。

2.5.1 农民技术需求与采用的理论研究回顾

对于农业技术变迁、技术创新以及农业技术扩散等方面问题的研究成果主要集中在以下几个方面：诱导技术创新和制度创新理论、影响农户技术需求和农户技术采用行为的决定因素的研究。

弗农拉坦（Vernon W. Ruttan）指出，农业技术创新的过程是一个对资源禀赋和经济环境变化的动态的反映过程（Hayami & Ruttan，1971），是土地、资金和劳动力等生产要素禀赋的变化以及包括市场需求、投入品的价格等在内的经济条件发生变化可诱导技术的改变。研究经济环境的变化对技术变化影响的方向和程度主要有两种观点：一种观点强调在技术变化的过程中获得市场需求变化信息的重要性，另一种观点强调技术变化来自生产要素的相对禀赋和价格变动的诱导（Hayami & Ruttan，1971）。

市场需求诱导技术创新理论以史莫克勒-格里克斯假说（Schmooker-Griliches Hypothesis）的以市场需求为核心。格里克斯（Griliches）于 1957 年在关于杂交玉米的发明和扩散的研究中阐述了需求在技术创新的时间选择和区域选择上的重要地位，指出市场盈利性是一个主要的诱导因素，从而较早提出农业技术进步的市场需求诱导假说。史莫克勒（Schmooker）于 1966 年在《发明和经济增长》中通过对四种行业（铁路、农业、造纸、石油）1836—1957 年的专利统计数据和技术发明的研究得出结论：在模拟技术创新活动当中，需求比掌握的知识先进与否具有更重要的作用，提出了市场需求诱导的技术进步理论。史莫克勒-格里克斯假说认为，发明一种新技术的相对利益，取决于适用该技术的商品的价格和市场规模，其生产成本和盈利机会构成技术创新的主要激励，即重要的科学发现和发明并不构成技术发明的主要激励，而对成本问题的解决和盈利机会的把握却成为技术发明的关键。史莫克勒-格里克斯假说的需求诱导技术创新模型被卢卡斯（Lucas）和弗农拉坦（Vernon W. Ruttan）等人的研究进一步证实，即技术创新是对市场需求增长的回应（Ruttan 1996）。

要素诱导技术创新理论最早由希克斯（Hicks）提出，他在《工资理论》一书中首先引入了诱导性技术创新的概念：生产要素相对价格的变化会影响技术发明和创新的方向，农民会被诱导去寻找能节约日益稀缺的要素。也就是说，一种要素相对价格的提高，会诱导能节约该要素的技术类型的创新。技术的发展和变革必然是沿着有利于以相对丰富的生产要素代替相对稀缺的生产要素的方向进行（Hayami & Ruttan，1971）。艾哈迈德（Ahmad）在希克斯（Hicks）微观经济函数的基础上建立了诱导技术创新理论的微观经济模型（Ruttan，1996）。在艾哈迈德（Ahmad）的模型中，某一给定的时间存在一个潜在的生产过程的集合，在这个集合中的每个生产过程可由一个等产量线来描述，技术发明的可能性曲线则是那些潜在的生产过程的子集当中所有单独的等产量线的包络线。在一阶段的模型当中生产者受到一个固定的外生预算的约束，而在多阶段的模型中技术发明的可能性曲线从一个均衡随着相对要素价格不断增大的变化做出回应，逐步形成一个新的均衡的技术发明可能性曲线。

此后，速水和拉坦（Hayami & Ruttan，1970）以及宾斯旺格（Binswanger，1974）对该理论进行补充和完善，最终形成诱导性技术创新理论的希克斯-速水-拉坦-宾斯旺格假说（Hicks-Hayami-Ruttan-Binswanger Hypothesis）：农业生产要素相对稀缺程度的变化可由要素的相对价格反映出来，农民被诱导去寻求能够节约相对稀缺要素的技术。

1964 年，舒尔茨（Schultz）在《改造传统农业》一书中根据其对危地马拉、印度及其他地区农民行为的观察发现，传统的小农根据长期的生产经验在自然、生产条件不同时，表现出了“理性”行为的差异。该前提不仅适用于现代市场经济，也适用于古代传统的非市场经济。同样，中国农民在转基因作物种植意向方面也表现出相应于外部限制条件的理性行为（马述忠和黄祖辉，2002）。农民是利益最大化的生产主体，只要技术投入市场不受限制，即便在价格机制受到制约时，农民仍然会寻求相应的技术发明。

速水佑次郎（Yujro Hayami）和弗农拉坦（Vernon W. Ruttan）于 1970 年进一步发展了舒尔茨的理论，建立了诱致性创新理论。诱致性创新理论是诱致性技术创新与诱致性制度创新相结合的理论，反映了资源禀赋、文化禀赋、技术与制度的一般均衡关系，技术创新是诱致性创新的核心。诱导技术创新理论假定对新制度的诱导产生于去寻求制度不均衡所产生的获利机会，即对于克服由于要素禀赋、生产需求、技术变化引起的不均衡而带来的潜在收益的预期，构成了制度变迁的强有力的诱导因素（Ruttan，1999）。

林毅夫使用中国 28 个省（市、自治区）1970—1975 和 1978—1986 年两个阶段的省级时间序列数据，用拖拉机拥有量和农业经营中拖拉机的使用量来代表对节约劳动型技术的需求，用化学肥料的消费水平来代表对节约土地型技术的需求，证实了当劳动力和土地要素市场交易被禁止的情况下，希克斯-速水-拉坦-宾斯旺格假说仍然成立，原因在于在没有基本要素市场的经济条件下，土地（劳动力）的稀缺性的增长不会被它的相对价格所影响，而这种土地（劳动力）稀缺程度的增加却提高了这种要素的相对边际生产率。此时，收益最大化的动机会诱导决策者在这样一种经济条件下采取更多的能够替代稀缺要素的技术，即在这种经济条件下，要素边际产出的增加与在市场经济条件下一种要素相对价格升高有着相同的意义。中国的证据证明了这一结论在集体经济下和家庭联产承包责任制体制下都成立（林毅夫，1990）。

胡瑞法（1995）通过对农业技术诱导理论的阐述，提出了农业技术诱导理论在农业企业或农户的生产决策、农业技术推广项目的选择和农业科研上的应用。农户应根据自己的技术特长与经济条件对当地的现有技术，尤其是对推广的技术进行选择，而且在进行技术选择时还应考虑资源的机会成本。当资源的机会成本较高时，农户可选择经济效益较高而生产风险较大的新技术；反之，农户可选择生产上已经采用的、生产风险较小的技术。

2.5.2 生产要素的禀赋对农民技术采用的影响

基于诱导技术创新理论，影响农户技术采用的生产要素禀赋包括土地、劳动力、资金等。运用霍特林（Hotelling）的可耗尽资源模型的分析表明，地下水资源的质量差异及抽取地下水的价格的不同，会诱导农民采用节水技术，提出最优的资源使用税，会加速节水技术的采用和扩散（Shah，1995）。

朱希刚和赵绪福（1995）对鄂西贫困山区的289个农户的杂交玉米技术采用行为进行分析，得出经济条件好的农户更容易采用杂交玉米技术，非农收入比重大的农户采用杂交玉米技术的概率小的结论，说明农民在采用新技术时考虑劳动力的机会成本。

宋军等（1998）对全国22个县的182个农户的高产技术和节约劳动技术选择行为的研究得出结论：对于高产技术和优质技术的选择，人均纯收入越高的农户越愿意选择优质技术；而人均耕地对高产技术和优质技术的选择的影响不显著；对于节约资金的技术和节约劳动的技术的选择，由于随着人均收入的提高，劳动力的机会成本也提高，因此人均收入越高的农民越愿意选择节约劳动的技术；人均耕地面积的影响十分显著，耕地同劳动是互补关系，同资金则是相互替代的关系，即人均耕地面积同资金节约型技术是正相关关系，而同劳动节约型技术是负相关关系。

王玄文等（2003）通过对河北、山东、河南、安徽和江苏5个省的773户棉花种植户对农业技术推广有偿服务的需求影响因素的分析表明，家庭中非农就业、耕地规模、是否参加过农业技术培训和户主的身体状况都对农户有偿技术服务需求有显著的影响。其中，家庭中非农就业劳动力的比例越高的农户越愿意接受农业技术推广的有偿服务；耕地规模越大越愿意接受有偿的农业技术推广服务；参加过技术培训的农民，已认识到先进的科学技术可以有效提高农产品的产量与效益，即使在收费的情况下也愿意接受有偿的技术推广服务；户主身体状况越好的农户越不愿意接受有偿的技术服务。农民的生产性技术需求的差别与农民所拥有的生产资源条件、乡村的农业发展环境以及农户的个体特征有着密切的关系。

付少平（2003）通过对陕西和山东两省的473位农民的调查发现，影响农民不想采用新技术的因素有资金不足、农业收益太少、市场风险大、技术不好理解、劳动力不足以及不想务农等。他指出，影响农民技术需求差异的主要因素是当地有无农业发展项目，有农业发展项目的地区农民对技术的需求比较强烈，并且农民的技术需求类型与地区的主导产业几乎是一致的；对农业生产做过投资的农民对技术的需求较强烈；从农业发展中获利的农民对农业技术的需求比较强烈；农业生产相对发达的地区的农民容易产生自足心理，认为自己已经学好了技术没有什么可再学的了。

此外，农户对农业技术内在的需求机制是在利润的驱使下，率先采用新技术和后继者被迫采用新技术，结果使供给曲线右移而消除了新技术带来的超额利润，这种现象被称为“农业踏板”。

周衍平和陈会英（1998）利用这一原理分析了制约中国农户采用新技术内在需求机制的形成的因素，指出了农户的小规模生产使得农户难以按照经济合理性原则采用新技术；农户的素质较低导致了采用新技术的成本上升，也制约了新技术的推广与扩散；农业生产要素供给、资金和信息等基础条件的约束以及大多数农户的风险规避行为，都构成了限制和约束农户对农业技术内在需求机制的形成。

2.5.3 农户特征对农业技术采用的影响

农户特征包括户主的年龄、性别、受教育程度、身体状况、农业生产的经验以及其他特征，如是否是村干部等因素，都对农业技术采用有影响。

胡瑞法等（1998）根据浙江省15个县430个农户的调查资料研究农村妇女的农业生产决策行为及在不同经济发展水平下农村妇女的生产决策行为。其研究表明，农村妇女的农业生产决策作用随着收入水平的变化而变化，同时家庭人口、年龄、丈夫的职业等因素都对农村妇女的农业生产决策行为有显著的影响。

宋军法等（1998）的研究发现，在农户特征当中，年龄对高产技术的选择有显著影响，农户的年龄越大，越愿意选择高产技术；妇女比男性更愿意选择高产技术；教育水平越高，选择高产技术的比例越低。农户特征中年龄越大的农民越趋向于选择节约资金的技术，而女性比男性更愿意选择节约劳动的技术。

林毅夫（1994）根据湖南省5个县500个样本农户的数据研究教育对农户新技术采用的影响及对杂交水稻最优采用密度的影响。研究表明，一个农户的教育水平指标对农户采用杂交种子的概率和采用密度有显著效应，且都有正向影响。当一种水稻新技术可供应用时，在采用这种新技术上存在比较优势的农户将采用新技术，并重新配置资源，以提高水稻的产量，而未采用新技术的农户将做出相应的反应（林毅夫，2000）。

道斯和莫瑞斯（Doss & Morris，2001）通过对加纳的农户采用玉米品种和化肥使用行为的研究表明，对于农业技术采用行为的性别差异，主要是由于家庭中男性和女性在获得生产要素，如土地、劳动等的投入以及获得技术信息上的差异造成的。他们在研究中控制了年龄、教育程度、土地和劳动的可获得性以及与技术推广服务的联系、市场交易行为等变量的情况下，性别对玉米品种和施肥技术的采用行为没有显著的影响。如果考虑在获得土地、劳动、技术信息和其他资源上的男女之间的性别差异，则性别对技术采用有显著的影响。

苏岳静等（2004）在对农民采用抗虫棉技术行为的研究中得出结论：户主的受教育水平影响农户对新技术的有关信息的收集和处理，对采用新技术可能的风险的认知、评价和对待风险的态度，对技术本身的理解和接受等，因此户主的教育水平是农户抗虫棉技术采用的主要决定因素。

2.5.4 社会关系网络对农户技术采用行为的影响

巴纳吉（Banerjee，1999）导出了一个简单的群体性模型来表明由理性的个体做出的选择行为可以由群体行为特征来描述，即人们不是仅仅获取他人有关此事的信息，还会向别人学习一件事应怎么做。

人际交流网络与大众传播媒介相比，传播的信息更全面、更专业、更令人相信。人际交流网络包括视察交流和口头交流两种，视察交流指各种技术示范、现场参观和技术展览等形式；口头交流，如专业协会的活动、学术讨论会和专业培训项目等。如果参与交流的农户在社会、经济、教育背景方面相似，易引起共鸣，有利于促进扩散；反之，则使信息的交流受阻，影响创新的扩散。

社会网络成员之间的群体性特征同样反映到农户对农业生产技术的采用行为上。农户作为一个独立的农业生产经营个体在农村的环境当中，处于由不同类型的关系构成的社会网络群体当中，如由行政管理体制形成的行政村、村民小组等；由血缘关系形成的家族、亲友等群体；由居住环境形成的邻居群体；由生产经营的需求形成的专业协会、试验小组等群体；由宗教信仰和其他关系形成的团体；等等。一个农户往往是处在这几种类型群体的交叉当中，因此这些社会网络势必会对其中的个体（农户）的行为产生较为复杂的影响，特别是与农业生产密切相关的农业为生产技术的采用行为。对这方面的研究主要集中在社会学习和技术采用的行为方面。

罗森茨魏希等（Rosenzweig 等，1995）利用印度农户的面板数据分析了农民对高产品种技术的采用行为。他采用目标投入模型，将“干中学”和技术学习扩散的行为合并进行分析，得出结论如下：首先，农户对于使用新品种技术信息的不完全性是新品种技术采用的最大障碍，事实上，农户自己和邻居的经验对高产品种采用的净收益与采用率的影响表明至少在部分程度上，经验通过提高农民对于新技术投入使用的决策能力来产生影响。然而，经验对于收益率的影响随着时间快速下降表明了这种障碍的重要性会随着农民采用技术的最初几年的经验积累在很大程度上减少。其次，那些邻居对于新品种的经验较为丰富的农户明显比其他农户的收益大，相应地，这些农户更愿意在更多的土地上采用新技术。从影响的大小来看，农户从其邻居那里学习新技术的经验获得的收益率增加额大约是通过自己试验得到有关新技术的经验带来收益率增加额的两倍。同时，模型也表明，农户自己和邻居的经验对于收益率的影响在两个相邻的时期以相同的速率递减，因此一个村的经验通过自身对正确的新品种技术知识的认识产生作用。最后，向他人学习的溢出效应较小，但是非常重要。对于技术采用而言，在大约一年的时间，农户初期财产的增长速度高于技术采用率，并且这导致了部分邻居当中技术采用率少量减少，这些邻居减少了一些其高成本的试验。从农户和邻居的经验而言，农户和邻居的财产对技术采用的相反的影响表明农户多数倾向于从他人的技术采用那里学习而产生“搭便车”的行为。

农户的亲友关系对于农户技术采用行为有显著的影响。农民采用一项新技术的趋势与他们亲戚朋友采用这项新技术的户数之间是一种倒 U 形的曲线关系，即当一个农户的社会关系网络中有一些农户采用新技术时，农户采用新技术的可能性较大，而当其社会关系网络中有许多农户采用新技术时，该农户采用这项新技术的可能性较小。在社会关系网络当中的选择效应是具有差异性的，尤其是那些在初期对于新技术的信息了解较少的农户，这种差异性影响更强。不同性质的社会关系网络对于农户技术采用决策行为的影响是不同的。例如，与亲戚朋友关系相比，相同的宗教关系对于技术采用决策行为的影响极小，由较为紧密社会关系（如血缘等）形成的社会关系网络的效应远远大于其他形式的社会关系网络的效应。农户对于新技术相关信息的了解程度不同，其社会关系网络的影响也不同，那些事先对新技术的信息有所了解的农户，对于其社会关系网络中其他成员技术采用的影响不敏感；相反，那些事先对新技术一点也不了解的农户，对社会关系网络中其他农户采用技术的影响较敏感。当一个农户的社会关系网络当中采用新技术的农户增多时，对于该农户采用新技术有正反两方面的效应：一方面，农户采用新技术的动机提高是由于其社会关系网络当中的成员采用新技术为其创造了一种学习的外部效应，当他采用了新技术会增加他当前的收益；另一方面，由于当社会关系网络中有更多的成员采用新技术时，农户从其采用技术得到的信息的价值较低，农户因此会有动机推迟新技术的采用。因此，如果更多的网络成员采用新技术，农户自己采用新技术得到的额外信息越少，农户就越有动机策略性地推迟新技术的采用（Bandiera & Rasul，2006）。

2.5.5 风险、技术推广等其他因素对农户技术采用行为的影响

农户对于各种新技术的采用都存在风险性，其中有主观风险和客观风险之分。主观风险是由于农户对技术采用后生产函数各系数的不可测性造成的，农民的个人特征（如文化素质和对新技术的了解等）是影响这种风险的重要因素。客观风险是客观存在的并与新技术的采用相关的各种风险，包括气候变化的影响、技术对病虫害的敏感程度、与新技术有关的生产要素投入的供给能力和购买的可靠性以及市场和价格风险（黄季焜，1994）。同时，农业技术推广部门的推广方式方法对农户技术采用会产生促进作用。

阿德西纳和辛格纳（Adesina & Zinnah，1993）采用 Tobit 模型研究了农民对农业技术特性的认知程度对技术采用决策行为的影响。研究结果表明，农民对农业技术特性的认识程度对农民的技术采用决策有显著的影响，如果在研究农民技术采用行为的模型中忽略了农民对农业技术的特性的了解程度这一变量的话，会使估计的结果有偏，因此在评估农民的技术采用决策行为时应考虑农民对农业技术特性的认知这一影响因素。

汪三贵和刘晓展（1996）通过对云南省两个贫困县的农户采用地膜玉米技术的研究表明，由于信息传递的不完善，贫困地区的农户在技术采用决策中仍面临巨大的主观风险。对技术内容的不了解使许多农户放弃、推迟或减少了新技术的采用。然而，家庭的财产和户主的受教育水平并没有对地膜玉米这类相对简单且成本不高的新技术采用产生影响。

农民获取技术信息、学习农业技术的渠道不同，农户的技术需求有明显的差异。王崇桃等（2005）等通过对我国 5 个玉米主产省的 14 个市（县）的 1 220 户农户的调查表明，当前农户获取农业技术的主要渠道是农业技术人员的指导、新闻媒体和邻里效应，不同地区间、不同的技术来源渠道间农户的技

术选择率存在十分显著的差异，而且农户对农业技术人员下乡传授技术有强烈的需求。

蒙秀峰等（2005）对农户选购农作物新品种的决策的研究表明，农户选择农作物新品种受到包括受教育程度、农户收入水平、收入来源、耕地面积和劳动力状况等内部因素的影响，同时也受到包括新品种特性、新品种价格、广告宣传、进步农户的带头作用、种子销售人员的业务素质、种子经营单位的数量、农业技术推广、国家和地方的相关政策以及种植习惯等外部因素的影响。

胡瑞法等（2006）通过在四川和内蒙古开展的农户需求型技术推广机制示范研究，实行了以“承诺制”服务为核心的农业技术推广责任制度的基层农业技术推广机制改革试点。结果表明，转变推广方式方法，实行承诺制服务，采取农民参与技术需求评估、农民现场会、农民新技术交流会等形式的农民参与式的试验示范方法，显著提高了农民的技术采用效率。

2.6 消费者对转基因食品的态度研究回顾

2.6.1 消费者行为理论

首先是消费者态度形成和改变理论。消费者的态度是指消费者对某一事物或观念所持有的正面或反面的认识上的评价、情感上的感受和行动上的倾向。西方学者对态度的形成主要有学习论、诱因论和认知相符论，这三种理论各有侧重点，而且相互补充。学习论认为，消费者的态度同其他习惯一样是后天习得的，通过联想、强化和模仿三种学习方式逐渐发展和形成对事物的态度；诱因论将态度的形成看作在权衡利弊之后作出抉择的过程，强调消费者是主动地对诱因冲突进行计算和在此基础上作出选择；认知相符论认为，信念或态度如果与自身行为发生矛盾，就会存在一种内在力量推动其进行自我调整，以达到或恢复认知上的相符和一致。

消费者一旦形成某种态度，就会保持相对稳定，但并非不可改变。霍夫兰德和詹尼斯关于态度改变的说服模式，从四个方面分析了态度改变的过程。一是劝说的效果取决于外部刺激，如信息传递者的权威性、信息内容和传递方式是否合理等。二是与信息接受者的特性有关，如接受者的人格因素、对所持态度的坚信程度等都会影响说服效果。三是说服还涉及信息学习、感情迁移等中介过程。四是说服的结果可能是原有态度的改变，也可能是被劝说者通过贬损信源、扭曲信息等方式拒绝改变其原有态度。

其次是消费者态度与购买行为理论。态度是一种心理准备状态，是内部的行为反应倾向，而不是行为本身，但态度对消费者的购买行为具有指导性和动机性的影响，可能支配和决定消费者的购买行为。态度的稳定性往往使消费者的购买行为具有一定的相对稳定性、习惯性，从而有助于某些购买决策的常规化、程序化。不过，购买行为并不必然有态度直接支配。费希本和阿杰恩认为，消费者是否对某一对象采取特定的行动，不能单纯根据其对该对象的态度来预测，因为特定的行动是由采取行动的人的意图决定的。要预测消费者的购买行为，必须了解消费者的意图，而消费者态度只不过是决定其意图的因素之一。事实上，消费者态度与购买行为之间在很多情况下并不一致，而消费者态度一般要通过购买意愿这个中间变量来影响消费者购买行为。造成不一致的原因有多个方面：一是购买动机。即使消费者对某一企业或某一产品持有积极态度和好感，但如果缺乏购买动机，也就是说消费者并没有意识到自己非常需要这一产品，消费者不一定会采取购买行动。二是购买能力。消费者可能对某种产品特别推崇，但由于经济能力所限，只能选择价格相对便宜的同类产品。三是情境因素，如时间缺乏、生病等。当时间比较宽裕时，消费者可以按照自己的偏好和态度选择产品；当时间非常紧张时，比如要赶飞机，很快离开某个城市时，消费者实际购买行为与其对该产品的态度就不一定有太多的内在联系。四是态度测量与行为之间总存在一定的时间间隔。其间出现的新产品、竞争对手采用新的促销手段以及其他因素，都可能导致消费者态度的变化，从而影响其购买意愿与行为。间隔越长，态度与行动之间的偏差就会越大。五是行为与态度之间的不一致，有时候是由于对态度的测量存在偏误。例如，只测量了消费者对某种产品的态度，而没有测量消费者对同类其他竞争产品的态度；只测量了家庭中某一成员的态度，而没有测量家庭中其他成员的态度；离开了具体购买情境；等等。

2.6.2 影响消费者对转基因食品态度的因素

第一是通过人口的社会属性因素发生影响作用。消费者的性别、年龄、受教育程度、职业等，都会影响获取信息的能力和渠道，进而影响消费者对转基因食品的态度。贝克（Baker，2001）的研究将调查对象分为品牌偏好型、转基因回避型和低价格偏好型，利用聚类分析方法检测这三类群体具有哪些不同的特征。分析结果表明，只有年龄、受教育水平和收入达到10%的显著性，而性别、是否已婚、是否有孩子、种族和居住地都不是显著的变量。有研究者（Peng，2000）得到结论是受访者中包括男性、结过婚的、有研究生学历的、从事与生物技术相关的、没有宗教背景的都对转基因食品担心相对少一些。国内相关研究表明：男性消费者比女性消费者更愿意购买转基因食品，年龄大的消费者更不愿意购买转基因食品，受教育水平高的消费者对转基因食品的购买意愿明显低于受教育水平低的消费者（周峰，2003；丁玉莲，2004；葛立群等，2009）。也有研究表明，性别和年龄对消费者态度的影响不显著，随着受教育程度的提高，愿意购买非转基因食品的消费者的比例逐渐提高（胡浩等，2006；邱彩红，2008）。

第二是经济因素。消费者的收入以及转基因食品与普通食品的价格差别程度都会影响消费者对转基因食品的态度和购买行为。史蒂芬尼（Stefeno，2000）采用有序的 probit 模型分析得知，对于低农药残留的转基因食品，影响消费者支付意愿的因素有年龄、收入、受教育程度和对转基因食品的了解程度四个变量，系数均为正值；对于提高品质和外观特征的转基因食品，除了收入之外，其他社会人口学变量都不显著。在查尔斯（Charles，2002）的研究中，受访者分别对转基因食品和非转基因食品愿意支付的价格相差不大。国内多数研究与国外的大多数研究结果一致，一般是收入水平越高的群体对转基因食品的接受程度越低（白军飞，2003；黄季焜等，2006；胡浩等，2006；葛立群等，2009）。较多消费者表示，价格不再是主要问题，只要证明食品对健康没危害，就愿意购买。因此，大多数消费者通常购买价位中等甚至高档的食品，即使在外观、口味等方面不如低价产品好（周峰，2003）。假设其他条件不再发生较大变化，随着我国经济飞速发展，我国消费者对转基因食品的接受程度和购买意愿都会下降，这意味着转基因作物的商业化将会受到公众越来越大的阻力（白军飞，2003）。

第三是心理因素。心理因素包括消费者对转基因食品的感知、对转基因食品质量安全性的信任程度和对转基因食品的认知程度。例如，是否听过转基因食品、是否明白转基因的机制、食用转基因食品有什么效果、如何使用转基因食品等都会影响消费者对转基因食品的态度。有研究者对辽宁省 10 个城市进行研究调查，认为认知程度较高的消费者对转基因食品的态度普遍积极，64.8%的调查对象听过转基因食品。若是受访对象得知转基因食品有益于身体健康，表示愿意购买的比例增加到 57.9%（葛立群等，2009）。值得注意的是，受访者对转基因食品了解的增多不仅有力增加支持转基因食品的比例，同时也显著提高对转基因食品的反对比例，这样的变化看似自相矛盾（周峰，2003）。事实上，消费者对转基因食品的了解和知识水平越高，接受程度就越高，对转基因食品带来风险的预期越低。但也有研究得到相反的结论，因为认知程度直接影响着消费者对不同转基因食品态度的差异，如有些消费者担心来自动物和微生物的基因比来自植物的基因更易对人体健康造成负面影响（仇焕广，2007）。

第四是其他因素。政府监管、信息及其来源也会对消费者能否接受转基因食品产生重要影响。例如，“疯牛病事件”直接影响了消费者对政府公共管理能力的信任程度，欧洲媒体特别是绿色和平组织对转基因食品主要以负面宣传为主，这些都是导致欧洲消费者不愿意接受转基因食品的重要原因（仇焕广，2007）。钟甫宁等（2004）发现对转基因食品尚未形成某种态度的消费者比已经形成某种态度的消费者更易受信息的影响，对负面信息的敏感性高于对正面信息的敏感性。消费者获取转基因食品信息的渠道主要是报刊和电视，分别占比 37. 37%和 38. 03%，而 16. 72%的消费者通过书籍获得该信息，3. 27%的消费者通过同事了解该信息（刘志强等，2007）。政府、科学家和消费者组织等作为消费者信息来源的主要渠道，应该积极宣传有关知识和信息，正确引导消费者，以免消费者受到片面信息的影响而扭曲其购买决策（葛立群等，2009）。另外，转基因食品应该加以标识，大多数调查对象表示愿意为购买非转基因食品付出更高费用，说明消费者已经做好心理准备，愿意承担标签带来的额外成本（武琼，2010；宣亚南和周曙东，2002）。

2. 6. 3 对消费者态度的影响

面对越来越多的转基因食品，各国的认识和态度并不一致。美国是世界上最早进行转基因研究、最早将转基因产品商业化并且收益较多的国家，目前已成为转基因食品最大的生产国和出口国。美国消费者对不断推出的新食品习以为常，没有出现支持和反对转基因食品的两个极端。席林（Schilling，2003）的调查结果显示，大多数消费者乐观地表达了对转基因技术带来的好处，美国60%以上的消费者对转基因食品持接受态度，58%的调查对象相信转基因技术能够提高生活质量，一半以上的调查对象认为转基因食品的潜在风险被过分夸大了。

欧洲和日本的消费者对转基因食品的接受程度最低，根据加斯克尔（Gaskell）等人（1999）对欧洲十几个国家的研究表明，欧洲消费者对转基因食品的接受程度仅为 40%上下。日本消费者对转基因食品的接受程度更低，只有20%。马丁和诺塔罗（Marin & Notaro，2007）对意大利消费者进行有关调查发现，只有 9. 4%的调查对象支持转基因作物的种植，因为农民可以增加产量，而消费者也会面临食品价格降低的好处；相反，34. 6%的调查对象完全不同意转基因作物的种植。

在我国，学者们越来越关注转基因食品的研究，纷纷在不同地域开展了消费者对转基因产品态度的调查研究。罗志刚等人（2010）进行了较为完整的归纳：2003 年，南京有 43.33%的调查对象听说过转基因产品；2004 年，贵阳的 1 980 名消费者接受调查，听说过转基因食品的人数仅占 28.94%；2005 年，北京有 72.7%的调查对象知道转基因食品是生物技术的产物；2006 年，深圳市民对转基因食品的知晓率和接受率分别为 36.3%和 16.67%，济南消费者关于是否知道转基因食品的回答情况是有 56.1%的人知道；2007 年，广州有约 54%的消费者听说过转基因食品；2009 年，长沙消费者听说过转基因食品的比率为 70.33%。中国科学院黄季焜团队在 2002 年对我国华北和华东地区 11 个城市进行范围较广的入户调查，并于 2003 年对部分消费者进行了跟踪调查。研究表明，我国城市消费者对转基因食品的接受程度约为 65%，抗病虫害的转基因大米接受程度为 67%，改善营养的转基因大米和抗病虫害的转基因水果、蔬菜的接受程度均为 66%，转基因大豆油和延长储存期的转基因水果、蔬菜的接受程度分别为 53%和 52%（仇焕广等，2007）。

2.6.4 对食品安全和生态环境等的影响

对于人类健康的争论主要涉及以下几方面：一是转基因食品的直接影响，包括营养成分、毒性或增加食物过敏物质的可能（严功翠等，2006）。二是转基因食品的间接影响。例如，经遗传工程修饰的基因片段导入后，引发基因突变或改变代谢途径，致使其最终产物可能含有新成分或改变现有成分的含量。三是植物里导入了具有抗除草剂、毒杀虫等功能的基因后，是否类似其他有害物质通过食物链进入人体。四是转基因食品可能经由胃肠道的吸收将基因转移到肠道微生物，从而影响人体健康（黄昆仑等，2009）。不过，黄季焜等（2007）认为转基因水稻可显著减少农药投入和降低农民农药中毒的可能性，提高农民健康和生活质量。

对于生态环境的争论，主要指转基因作物释放到田间后，是否会将基因转移到其他生物、杂草等，是否破坏自然环境，打破原有的生态平衡（严功翠等，2006）。1998 年，普庇泰教授发现幼鼠食用转基因土豆后，其内脏和免疫系统受到损害；1999 年，约翰·罗西教授指出蝴蝶幼虫等益虫吃了撒有转基因玉米花粉的菜叶后出现发育不良和死亡率特别高的症状；2000 年，美国研究人员首次发现转基因作物产生的杀虫用毒素可由根部渗入周围土壤，对生态环境产生负面影响。可见，目前仍有不少证据指出转基因食品潜在的危险性

（武琼，2010）。中国科学院的黄季焜等研究员对种植 Bt 抗虫棉的农户进行了连续三年的跟踪调查研究，明确指出：Bt 棉可以显著降低棉农的农药施用量、减轻农药中毒，起到保护生态环境的作用（Huang 等，2002）。昆虫数量种群动态变化复杂，不管使用农药还是采用抗虫棉，都会影响昆虫生态，这些影响有好有坏，因此在转基因作物种植面积扩大时，应该推行综合害虫防治计划，以减轻负面效应（黄季焜等，2007）。

2.6.5 关于消费者态度的研究方法

研究方法既有简单的描述统计方法，也有计量经济模型方法。相当一部分研究使用简单的统计描述方法，如贝克（Baker，2001）采用聚类统计方法研究不同消费群体的特征。在经济计量模型的运用上没有达成较为统一的方法，使用较多的有传统的消费选择模型，如二元 Probit 选择模型（白军飞，2003；王志刚，2003）、二元或多元选择 Logistic 模型（侯守礼等，2004；王锋等，2009；杨倍贝，2009；吴林海，2010）。模型的被解释变量为消费者对转基因食品的态度或购买意愿，解释变量为消费者的人口统计特征和前面提及的影响因素。邱彩红（2008）把拍卖机制引入测量转基因食品的消费意愿中。有部分社会学者和经济学者尝试用心理学的理论研究消费者对转基因食品的接受程度和购买意愿（仇焕广，2007）。这些研究认为，消费者对转基因食品生产收益和风险的预期、对转基因食品加工收益和风险的预期以及对环境、科技的态度，对政府的信任程度等都是影响消费者对转基因食品态度的重要因素，并根据这些分析建立计量经济模型进行估算。

2.7 小结：主要文献回顾对本研究的启示

从以上回顾可以看到，国内外有大量文献论述转基因农作物的经济影响和发展策略。综上所述，转基因农作物隐含着巨大的经济利益，转基因技术的应用会对生产者、消费者以及国际贸易产生显著影响。转基因农作物尽管存在潜在食品安全和生态环境安全等风险，当前争论也很激烈，但是转基因农作物的种植面积依然快速增长。就连一直对农业转基因作物生产持反对态度的欧盟成员国也已经在 2004 年批准生产两种转基因玉米，其主要原因就在于转基因农作物隐含着巨大的经济利益。虽然消费者偏好、标识政策和国际贸易政策会对转基因作物的经济利益产生影响，但只要处理得当，农业转基因技术就会成为促进经济增长的巨大驱动力。

2.7.1 研究作物的对象选择

研究一般关注转基因抗虫棉、转基因水稻、转基因小麦抗除草剂大豆（ERS，2001）等转基因作物，但在中国现实中只有转基因棉花和转基因番木瓜获得了产业化发展。已有研究对转基因棉的分析十分充分。在这些方面开展研究，获得超越创新是很有难度的工作。相对应地，关于转基因番木瓜影响的国外研究论文还未见到，国内的研究论文对于转基因番木瓜和非转基因番木瓜没做对比研究，多为生产和经营方面的描述性文章，更很少涉及计量分析。根据“农基安证字（2010）056 号”的许可，华农 1 号转基因木瓜的种植范围从原来的仅限广东扩大到华南地区（2010 年 9 月 1 日—2015 年 8 月 31 日）。目前，世界只有美国和中国在种植转基因番木瓜。笔者身处番木瓜的主产区，有众多的条件和理由确定实证研究的转基因植物对象是番木瓜。

2.7.2 研究方法选择

前人研究涉及转基因作物生产过程的投入产出、收入分配、贸易和福利分配等经济影响和对环境与农民健康的影响，也研究了农民对生物技术的技术选择行为以及消费者态度等问题。但是番木瓜的产品特点造成国际贸易量不高，对经济影响可忽略。因此，本书前期的研究计划采用全球贸易分析模型（GTAP）方法可能失去了必要性。

研究方法中对生产过程研究重点是农药、劳动力的投入产出影响，早期采用一般描述、“事前”（Ex Ante）估计法和成本分析比较，更多地采用“事后”（Ex Post）计量模型，以一般生产函数或损失控制生产函数（Damage Control Production Function）为主采用固定效应计量模型估计投入产出与农民健康的关系；采用福利分析法研究收入分配的影响，分解由于某种转基因农作物的发展对生产者、消费者、科研和种子部门或公司的福利和收入的影响，可作为本书的研究基础。

以上研究方法没有考虑多年生作物在生产过程中的投入产出特征，难以准确回答转基因农作物发展对生产结构和生产资料利用等方面的影响，对转基因技术扩散过程的影响因素差异可能带来的影响没有涉及，这是本书要关注的内容之一。

2.7.3 对研究转基因植物的消费者意愿的启示

第一，必须考虑问卷的设计和样本的收集。转基因食品问题一直受到各界的关注和重视，为了尽可能获得真实的数据，学者们的研究都需要建立在问卷调查的基础上。起初的调查对象侧重于农户，继而转向消费者，从了解农户的生产意愿、转基因作物的经济效益、对环境和健康的影响到了解消费者的认知、态度、对转基因产品的看法。随着国内外研究的增多和调查范围的扩大，问卷设计和样本收集不断完善，有更多可以借鉴的经验，学者们对问题进行归纳和筛选，为了针对消费者的心理，在问题顺序的设计也下了功夫，使得调查结果能够在不同城市和不同时间上都具有可比性。但是，通过阅读并归纳关于调查消费者态度或者购买意愿的研究，都有类似这样的问题：一是调研时间和经济情况的限制，基本局限在个别城市，导致样本容量有限，分布不广，欠缺代表性；二是如果调查采用电话和网上邮寄方式，就会无法避免地出现回收率低和抽样偏差大的问题，回答问题的真实性也值得怀疑，甚至在填写问卷时消费者会有许多疑问；三是问卷设计基本以固定选项作为问题答案，消费者容易先入为主或被调查员所引导，一定程度上限制了消费者的真实意愿；四是消费者对转基因食品的了解甚少，消费者的实际购买行为与问卷调查时的选择可能会有所不同。

第二，模型和影响因素的处理。在前期，学者们的研究将重点放在消费者对转基因食品的整体认知程度、对不同转基因食品的接受程度和购买意愿、对政府管理转基因食品的信心上，所用的分析方法只是对样本数据进行统计描述。随着研究不断深入，学者们开始关注更多可能的影响因素，包括媒体信息、消费心理等方面，对不同的影响因素进行定量分析。事实上，消费者态度的影响因素非常复杂，虽然学者们的研究都希望能够涉及更多内容，但难以面面俱到。毕竟，消费者的行为非常复杂，简单的统计分析缺乏穿透力，而经济计量模型分析需要严格的假设条件，如果条件改变或者不符，模型不能做出充分的解释，加上类似心理因素或者随机性大的因素难以量化，使得研究非常困难。尽管学者们的研究都表明人口统计特征和社会经济特征对消费者的态度产生显著的影响，但就某些具体影响因素而言，研究得出的结论却不尽相同，比如文献综述提到的性别、受教育程度等因素。造成学者们研究结论差异的内在原因仍需要进行长期和大量的调查。转基因食品作为一种新生事物，要被消费者了解需要一个渐进的过程，目前大多数研究都有这样的共识，也将研究重心放在这里，即消费者对转基因食品的态度很大程度上是受到其对转基因食品认知程度和相关信息的影响。这对于我们研究消费者态度在未来的主要趋势、把握转基因食品的市场动态以及规范和管理转基因食品市场都具有非常重要的意义。

3 番木瓜优良抗病品种的培育及产业化进程研究

本章阐述我国番木瓜的生产、消费和贸易的现状与变化，并对我国番木瓜技术的发展进行分析；介绍和分析了我国转基因番木瓜技术发展和相关的安全管理政策。

3.1 番木瓜的生产和消费

3.1.1 世界番木瓜作物发展的现状

番木瓜（Carica Papaya L）被誉为“世界十大佳果”之一，为多年生常绿小乔木，又名万寿果、番瓜、木瓜，属番木瓜科番木瓜属。番木瓜具有用途广泛、营养丰富等特征，既是果树，又是原料作物，其成熟果实营养丰富，维生素 C 含量高，可助消化、治胃病，未成熟的青果，除可做蔬菜食用外，还可腌制、蜜饯，制作果酱和果汁罐头、饲料。青果还含有丰富的木瓜蛋白酶，在医药、食品、制革、纺织以及美容上广泛应用。

番木瓜喜炎热气候，忌低温霜冻，适宜在年平均气温 22~25℃、年降水量 1 500~2 000mm、土质疏松、排灌水良好的地区种植。

番木瓜原产中美洲，现已广泛分布于巴西、墨西哥、尼日利亚、古巴、秘鲁、哥伦比亚、印度、泰国、印度尼西亚、埃塞俄比亚以及中国等国家。番木瓜是唯一主产在南半球的热带水果，番木瓜也是世界上产量增幅最大的热带水果，年增长率达 4%。目前，拉丁美洲与加勒比海地区是番木瓜第一大产区，亚洲为第二大产区。据联合国粮农组织（FAO）统计，世界上共有 52 个国家和地区种植与生产番木瓜，总产量逐年增加，目前保持在 900 多万吨。世界主要番木瓜生产国如表 3.1 所示，按照各国产量占世界比例排序，印度占世界总产量的比例约为 30%，巴西占世界总产量的比例约为 20%，之后是墨西哥、尼日利亚、印度尼西亚，中国占世界总产量的比例约为 1.3%。

表 3.1　世界番木瓜产量及分布比例

	2000	2001	2002	2003	2004	2005	2006	2007	2008
世界总产量（千吨）	6 955	8 207	8 089	7 931	8 594	8 066	8 913	9 211	9 096
印度（%）	25.8	31.6	26.5	21.3	29.5	26.5	27.8	29.2	29.5
巴西（%）	20.7	16.9	19.8	21.6	18.8	19.5	21.3	19.7	20.9
尼日利亚（%）	10.8	9.1	9.3	9.5	8.8	9.4	8.5	8.3	8.4
印度尼西亚（%）	6.2	6.1	7.5	7.9	8.5	6.8	7.2	6.7	7.2
墨西哥（%）	9.7	10.6	10.8	12.1	9.2	8.8	9.0	10.0	5.9
刚果（%）	3.1	2.5	2.6	2.7	2.5	2.7	2.4	2.4	2.5
中国（%）	2.2	1.9	2.0	2.1	1.8	1.5	1.7	1.3	1.3

数据来源：根据 FAOSTAT Database 整理。

表 3.2 是世界番木瓜种植面积和单位产量水平，从中可以看出在世界主要番木瓜种植国中，无论番木瓜种植面积、总产量还是单位产量，中国都处于较低水平。从 2008 年的情况来看，中国番木瓜种植面积只有尼日利亚（种植面积世界第一）的 7%左右，占世界总面积的 1.5%；总产量中国只占最大产量国印度的 4.5%，占世界总产量的 1.3%；单位产量（吨/公顷）中国只占最大单产国印度尼西亚的 28.4%，甚至没有达到世界平均水平，只占世界平均水平的 88.1%。从以上分析可知，我国番木瓜生产水平和生产效率均处于较低的水平。

表 3.2　番木瓜种植面积和单位产量水平

		世界	尼日利亚	印度	巴西	墨西哥	刚果	印度尼西亚	中国
2000	面积（千公顷）	350.1	83.1	70.4	40.2	17.2	12.6	8.9	5.3
	单产（吨）	19.9	9.0	25.5	35.8	39.2	16.8	48.3	29.1
2001	面积（千公顷）	361.0	83.1	73.7	35.3	22.2	12.2	10.3	5.4
	单产（吨）	22.7	9.0	35.1	42.2	39.3	16.8	48.8	29.6
2002	面积（千公顷）	359.0	83.0	68.0	35.6	2.0	12.5	10.3	5.3
	单产（吨）	22.5	9.1	31.6	44.8	42.9	16.8	58.9	20.8

表3.2(续)

		世界	尼日利亚	印度	巴西	墨西哥	刚果	印度尼西亚	中国
2003	面积(千公顷)	360.0	83.0	58.2	36.2	26.3	12.5	9.3	5.7
	单产(吨)	22.0	9.1	29.1	47.3	36.3	17.0	67.3	28.6
2004	面积(千公顷)	365.6	83.0	73.8	34.4	20.6	12.7	9.1	5.7
	单产(吨)	23.5	9.1	34.4	46.8	38.2	16.8	80.2	27.4
2005	面积(千公顷)	381.6	82.6	67.8	32.6	18.9	12.8	7.9	5.7
	单产(吨)	21.1	9.2	31.6	51.8	37.5	16.8	67.6	20.9
2006	面积(千公顷)	375.1	82.5	72.5	36.7	19.4	12.9	9.5	5.7
	单产(吨)	23.8	9.2	34.2	52.1	41.2	16.8	67.7	26.8
2007	面积(千公顷)	390.7	82.7	80.3	34.8	20.9	13.0	7.0	5.7
	单产(吨)	24.2	9.3	33.4	52.1	43.9	16.9	88.8	20.7
2008	面积(千公顷)	386.4	82.7	80.3	36.8	16.1	13.5	9.0	5.8
	单产(吨)	23.5	9.3	33.4	51.7	39.7	16.6	72.7	20.7

目前，番木瓜主要出口国包括墨西哥、伯利兹、巴西、马来西亚、印度、中国等国；番木瓜主要进口国包括美国、新加坡、加拿大、荷兰、英国等国家。

3.1.2 我国的番木瓜生产与消费规模

番木瓜在我国热带、亚热带地区广泛种植，目前台湾、福建、海南、广东、广西、四川、云南等地均有种植，同时作为新兴的设施栽培果树品种，在我国北方温带地区很多省（自治区、直辖市），如北京、天津、山东、河北、宁夏等不断发展。番木瓜在我国南方地区是常见的蔬菜，小果型木瓜多作水果鲜食，而在城市一直作为高档水果销售。同时大量的番木瓜用于加工果汁或者用来提取番木瓜蛋白酶，是重要的工业原料。另外，在我国香蕉产地出现香蕉枯萎病的地区，番木瓜已经成为香蕉的有效替代作物。因此，番木瓜是有着广阔发展前景的热带、亚热带特色果树，对增加我国农民收入，推进我国热带、亚热带地区果树产业结构调整以及对北方实施果树产业结构调整有着重要意义。

20 世纪 90 年代中期以前，番木瓜仅在广东、海南、广西、福建生产和消费。由于没有全国的统计数据，我们对主要生产省份的调查结果如图 3.1 所示。在主产省番木瓜面积几乎没有扩大。

种植规模最大的是广东和海南两省。其面积变化自 1990 年开始降低，2005 年达到最低点，然后逐年恢复，2009 年又恢复到 1985 年的水平。这一种植规模的变化与番木瓜环斑花叶病毒爆发的年度紧密相关，2005 年抗病的番木瓜进入生产过程之后才逐渐恢复生产面积。事实上，国内生产下降期间，从国际市场进口的番木瓜数量相应增加（如图 3.2 所示），满足了居民生活对番木瓜的需求。

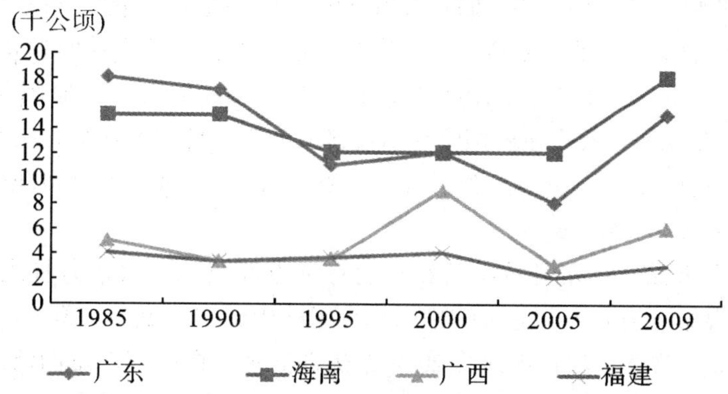

图 3.1　中国广东、海南、广西、福建番木瓜种植面积变化（1985—2009 年）

与种植规模变化相对应的是中国进口番木瓜进口额的变化（如图 3.2 所示），进口量最大的年份正是环斑花叶病毒爆发最严重的年代。

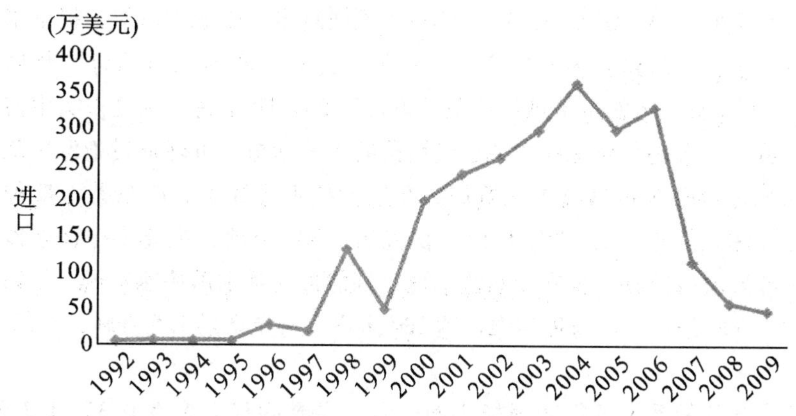

图 3.2　中国进口番木瓜进口额变化（1992—2009 年）

资料来源：Wind 数据库，1993—2010 年。

我们对生产者和当地农业官员的采访表明，20 世纪 80 年代末番木瓜环斑花叶病毒的病害爆发是番木瓜在主要生产省份的生产下降的主要原因。番木瓜环斑花叶病毒是一种有毒的植物病原菌，可通过蚜虫感染。番木瓜环斑花叶病毒通常会导致黄色叶或花叶、叶片扭曲和变形、不能食用的症状。此外，严重感染的植株死亡率极高。转基因番木瓜品种使用之前，没有针对病毒的有效方法。起初，尽管农民使用大量农药来控制番木瓜环斑花叶病毒的病害，但许多农民在收获时几乎一无所获。后来，当发现受感染的番木瓜植物，农民通常可以做的是砍掉番木瓜树，然后深埋在土壤中。在广东和海南，一些农民不得不放弃番木瓜的生产，即使当时的番木瓜价格呈上升趋势。因此，番木瓜面积在整个20世纪90年代期间下跌。只有广西的情况不同，番木瓜面积在20世纪90年代末上升，但在21世纪初也显著下降（见图3.1）。其原因是广西在20世纪90年代末，几个主要国营农场发起填海造地种植番木瓜，应对不断上升的市场需求和价格。然而，经过几年的番木瓜生产，番木瓜环斑花叶病毒依然在填海土地上爆发。

2000年开始，广东科技人员在抗病育种方面投入巨大的力量进行研究。研究人员根据市场需求，通过引进和选育了穗中红48、优8、美中红、苏罗、台农、红妃、红铃、红日系列等20多个优良品种，在病害严重的情况下，推广有机栽培，就是利用网、温室栽培物理防治的技术，通过网室的阻隔作用，不仅从物理手段切断蚜虫传播途径，达到预防番木瓜病毒的目的，而且还切断了其他虫害的危害途径，避免了使用各种农药制剂，达到减少农药污染、保护生态环境的作用。同时，网、温室栽培技术结合耕作制度的改革，可以夏播秋植或秋播秋植，畦面覆盖银灰膜，使番木瓜恢复多年生成为可能，提早采收和延长收获期，大幅提高番木瓜产量和产值。此外，研究人员结合广州果树所"一种生产株性稳定的番木瓜组培苗的方法"的发明专利，从过去实生苗必须双株种植，变为现在采用株性稳定组培苗的单株种植，可降低设施保护栽培生产的50%苗木成本和30%人工费用。在这种技术支撑下，广东番木瓜种植面积接近2 000公顷。仅广州市种植面积就达1 000公顷，主要集中在南沙和番禺。南沙万顷沙镇建立番木瓜示范基地，辐射带动番木瓜快速发展，全镇种植面积超过500公顷，参与种植农户达200多户，每年产量1.5万吨，产值3 000万元。

广东各地的番木瓜生产规模小而分散，果园面积大多在0.33~1.3公顷，未能形成标准化、专业化、规模化的生产；众多瓜农各自为战，生产技术水平参差不齐，没有自己的品牌，没有稳定的市场，缺乏鲜明的生产经营特色；邻近市场的优势特点没有充分发挥，未能取得番木瓜生产应有的经济效益。随着农地租金和劳动价格上涨，广州的番木瓜生产利润还可能不断下降。广东应组织农民专业合作组织，将番木瓜生产者和经营者结成利益共同体，加快番木瓜新品种选育，开展采后保鲜商品化系统技术研发，提供绿色番木瓜生产的设施以及绿色番木瓜技术示范、培训、推广等方面的资金支持，统一产品标准，形成规模化、专业化、产销一体的经营机制，打造广东番木瓜品牌。

我们对广州江南水果批发市场调查发现，广州已形成了国内最大的番木瓜集散地和消费市场，仅以果用型番木瓜为例，每天从该批发市场出货约 3.5 万标准箱（5.5~6.0 千克/箱），全年约 1 260 万箱。货源主要来自海南、广东和广西，少数从马来西亚进口。这些产品半数销往北京、上海等大城市，其余在广州、香港、澳门和深圳等地消化。价格波动依不同时期而异，国产番木瓜价格为 20~70 元/箱，进口番木瓜为 80~140 元/箱。

目前，广东番木瓜市场还未达到饱和状态，特别是绿色栽培的高档番木瓜仍存在较大的缺口。未来几年，高档番木瓜市场前景被看好，如果开展针对港澳地区的番木瓜生产经营，可占领港澳市场。虽然近年来国内选育了不少番木瓜品种，但从品质来看，进口番木瓜在外观、果肉色泽、风味口感等方面要优于国产番木瓜。例如，进口番木瓜软硬适中，果肉色泽更红艳，瓜香浓郁怡人，而国产番木瓜尤其是抗病品种的果色和香味欠佳。此外，国产番木瓜保鲜技术和贮运方法比较落后，必须在番木瓜未充分成熟时采收，品质欠佳，运销过程的损耗率高，售价与进口番木瓜相比有较大差距。这些问题亟待国内育种部门改进。

3.1.3　我国的番木瓜生产的限制因素

番木瓜是容易遭受病虫害影响的农作物之一，环斑花叶病毒、白粉病、炭疽病、烂头病以及红蜘蛛、蚜虫和介壳虫等严重影响着收成，其中番木瓜环斑花叶病毒（Papaya Ring Spot Virus，PRSV）是热带、亚热带地区番木瓜生产上的主要限制因素（Purcifull 等，1984）。在我国华南地区番木瓜病毒的发病率达 75%，成片种植的田块高达 100%（肖火根等，1998）。

近几年病毒的发病率还有加重的趋势，常规品种第二年发病率高达 98%，其发病株产量低、品质差，因此很多北回归线以南的无霜区也将多年生常规品种的番木瓜树只收获一茬便淘汰，收果期只有 3 个月左右，当年收果后全部砍除。若番木瓜树感染了环斑花叶病毒，农户只能通过砍掉得病植株并深埋的方式防止其扩散，以减轻对收成的影响，这严重损害着农户收入水平的提高。由于木瓜种植户对环斑花叶病毒的认识不足以及缺乏番木瓜种植技术指导，当番木瓜患病时，农户倾向于滥用农药，以求挽救番木瓜收成，结果造成更大经济损失和环境污染。

种植抗病品种是防治病毒病害的经济且有效的措施，我国学者也开展了大量的相关研究，并取得瞩目的成绩。2006 年 12 月 26 日，由华南农业大学李华平等完成研制的“华农 1 号”获得农业部批准的转基因番木瓜在广东省内准予商品化应用的安全证书。该研究成果解决了番木瓜组织培养过程中生根难、移栽成活率低的问题，在国内外首次成功实现了番木瓜种苗工厂化生产，使得优质商品果的比例由传统种子繁殖的 50%～80%提高到了 100%。这标志着我国首例转基因番木瓜问世，转基因番木瓜是第一个被批准大规模商业化种植的直接食用的转基因作物。

根据前期对转基因番木瓜种植户的调查发现，在我国农业农村部批准转基因番木瓜准予商品化应用之前的 2004 年前后，境外转基因品种就通过非正规渠道开始流入我国南方沿海省份，逐渐成为水果型木瓜的主要栽培品种。近年来，华南农业大学和广州市番禺区种子公司共同选育的高抗番木瓜环斑花叶病毒、高产、高酶的杂交一代组培新品种“华抗 1 号”“华抗 2 号”只在番禺区广泛种植，而其他各区（县）主要栽培“台农”系列、“改良日升”系列和“红妃”品种、夏威夷“日升”品种。据番禺农业种子公司的内部资料，在番禺地区 2005 年采集的栽培品种样本做抗性检测结果显示，全部栽培品种样本都对 PRSV 具有抗性。这也证明在该地区的木瓜栽培品种普遍属于具有转基因品种特征。对珠海、湛江的调查也显示，规模化经营并获得较好经济效益的品种完全是来自我国台湾的转基因品种；普遍栽培的“红妃”品种虽然不属于转基因品种但依然是来自于我国台湾。

现实生产中，我国番木瓜生产面临着遗传资源匮乏，自育品种不足，种苗繁育技术有待改进，标准化生产技术落后，产品质量难以保证，产业组织化和信息化程度低等问题，制约着番木瓜作物的发展。

首先是遗传资源匮乏，自育品种不足。我国不是番木瓜起源国家，遗传资源相对匮乏，自育品种极少。美国已经培育了抗病品种。马来西亚培育的抗寒品种延长了番木瓜的露天栽培时间，给番木瓜产业带来了巨大的效益。马来西亚还培育了成熟缓慢的耐贮品种，为针对性开拓我国北方市场和俄罗斯市场带来了良机。我国番木瓜主产地目前主栽品种主要是外来品种，自育品种尚不能主导市场。除广州果树所选育和改良的部分品种以及台湾的“台农”系列和“改良日升”系列外，我国其他番木瓜主栽品种大多是马来西亚的“马来红”系列、夏威夷的“日升”和“苏罗”等品种。番木瓜进口种子价格昂贵，达 5.5 万元/千克，是番木瓜生产成本的主要构成。因此，只有大量引进番木瓜种质和优良品种，为新品种培育奠定基因资源基础，培育具有自主知识产权的新品种，才是我国番木瓜产业持续健康发展的根本出路。

其次是种苗繁育技术有待改进。调查中我们发现，我国番木瓜种植的繁殖方式仍以种子实生苗为主。实生苗必须一穴双株，等待开花后辨认性别，再留下商业价值高的两性株。这种栽培模式既浪费了种子，又增加了投入。番木瓜组培苗生产技术在我国虽然已有应用，但由于生产成本高，种苗售价高，难以大面积普及。我国台湾地区利用组培技术大量繁殖芽体，然后用抗根腐病和根结线虫病的砧木嫁接繁殖种苗，称为微嫁接技术。该技术不同于组培苗生产技术，它同组培苗一样克服了番木瓜种子繁殖两性株比例低的缺点，同时还克服了组培苗结果部位高、节间长的不足，提高了番木瓜品种更新换代频率，大大缩短了组培苗繁殖时间，降低了种苗繁殖成本，单株繁殖成本可由 2 元降低到 0.5 元。该技术的实施，将改变番木瓜种子繁殖的局面，替代组培苗生产，提高两性株比例，克服实生苗和组培苗的诸多缺点，大大节约种苗投入成本。

再次是标准化生产技术落后，产品质量难以保证。我国番木瓜标准化生产技术体系相对落后，主要体现在番木瓜 PRSV、根腐病、根结线虫病和炭疽病综合防治技术，精准施肥技术和采后保鲜处理技术相对落后以及农药化肥滥用、单产低、采后损失严重，不仅使生产成本大幅增加，降低了收益，还污染了农业生产环境，有的甚至因 PRSV 的危害而绝产。因此，广泛推广转基因抗病品种，实行先进的标准化生产技术，提高单产和水果质量安全系数，是促进番木瓜产业健康发展的保证。

最后是生产组织化和信息化程度低。我国番木瓜生产面临生产与市场脱节、信息不畅、产业技术覆盖面小、标准化生产技术难以大面积推广、农户利益得不到保障等问题。番木瓜产业组织化程度低还表现在我国品牌番木瓜多是贴牌生产，由销售商从不同农户收购然后用销售商统一的包装和品牌，导致商品质量不稳定，价格波动较大，增加了市场风险。国外番木瓜产业组织基本采用“协会+公司+农场主（农户）”的组织机制，产业化和组织化程度较高。世界番木瓜主产国巴西，90%的番木瓜出口贸易由巴西番木瓜协会组织完成。美国夏威夷的番木瓜从制种、生产到销售，也由番木瓜协会组织完成，每年由协会根据市场需求量确定种植面积，并计算需种量，然后委托美国夏威夷热带农业研究中心制种，再通过协会分发到农场主手中。只有形成先进的产业组织机制，形成紧密的产业链，番木瓜产业才能根据市场需求，有针对性地组织农户生产，从而提高抵御市场风险的能力。当前，我国番木瓜产业正处在发展壮大初期，是引进先进产业组织机制、提高产业化和信息化的最好时机。

3.2 现代生物科学技术在番木瓜上的运用

3.2.1 番木瓜转基因抗病育种

番木瓜属于番木瓜科番木瓜属（Carica）。番木瓜属大约有 40 多个品种，大体上可以分为栽培品种和野生品种。栽培品种是指在生产上具有栽培价值，其果实具有较好的商品性的品种；野生品种是指果实小、品质差，不具有商品性的品种，一般在野外自生自灭。正如鱼和熊掌不可兼得，栽培品种虽然果实品质好，但是其抗逆性很差，很容易受到各种病毒、细菌等病害的侵扰；野生品种虽然果实品质差，但是其植株的抗逆性和抵抗各种病毒细菌的能力很强。

但是，随着现代生物科学技术的不断发展，利用病毒核酸序列培育抗病的转基因植物是一个重要的抗病毒基因工程策略。随着植物基因工程的快速发展，植物抗病毒育种已经取得了突破性进展。人们便将番木瓜的抗病育种重点转移到基因工程这一技术的应用上来。目前，番木瓜转基因抗病育种研究主要采取两种方案：一是通过将 PRSV 外壳蛋白基因导入番木瓜以获得抗病转基因植株，通过转外壳蛋白基因在植株内的表达，干扰病毒的正常增殖，从而达到抗病目的，其抗病的机制为蛋白质介导的病毒抗性；二是利用 RNA 介导番木瓜抗环斑花叶病基因工程方法，分离并克隆各地不同番木瓜生产区的番木瓜环斑花叶病毒全基因组序列同源性进行比较，发现构建转基因理论上可以培育高抗、普抗的番木瓜新品种。华南农业大学资源与环境学院李华平教授选育的转番木瓜环斑花叶病毒复制酶基因的番木瓜“华农 1 号”已经获得农业部颁发的在广东省生产运用的安全证书，这是我国首个转基因番木瓜的安全生产证书，具有划时代的意义。

针对第一种方法，通过将 PRSV 外壳蛋白基因导入番木瓜以获得抗病转基因植株已经取得了成功，并在生产上开始推广种植。早在 1990 年，美国学者弗驰（Fitch）等利用基因枪转化技术成功制备出第一株转基因番木瓜，首例转 PRSV 外壳蛋白基因番木瓜问世。随后有众多学者开展番木瓜转基因研究，如从胚性培养体中通过转化获得了抗 PRSV 的转基因植株，田间攻毒试验证明可有效抵抗 PRSV 的侵染（Chang 等，1996）。弗驰（Fitch）等用基因枪法将构建在 PGA482GG 的 HA5-1 外壳蛋白嵌合基因导入番木瓜，获得 5 个转基因品系，其中一个品系是高抗 PRSV 夏威夷株系。特南特（Tennant）等于 2005 年获得的转 PRSV 外壳蛋白基因番木瓜在牙买加的试验表明，一些类型未表现 PRSV 症状，而一些类型表现出明显的 PRSV 症状，一些类型则只能推迟 PRSV 症状的表现。有研究者（Bau 等，2004）获得的转 PRSV-CP 植株对不同地区 PRSV 株系有特异性抗性，充分反映出转基因技术获得抗 PRSV 番木瓜类型具很强的专化性，而不是对所有株系有抗性。1997 年，美国食品药品监督管理局（FDA）组织批准夏威夷和康奈尔大学联合申请的转 PRSV 外壳蛋白基因的抗病番木瓜进入商业化生产。1999 年，首批转基因抗病番木瓜品种的种子被送到种植者手中，对番木瓜生产起到很大的推动作用。

我国学者也开展了相关研究，通过体胚发生途径获得了 2 株表达 Ys-CP 基因的转基因植株（叶长明等，1993）。周鹏等的试验结果证明了 PRSV-CP-SN 转基因植株比 PRSV-CP 具有更强的田间抗病性。赵志英等通过基因工程将切割 PRV-RNA 的核酶基因转入番木瓜，获得转基因番木瓜植株，但在病毒接种实验中，转基因番木瓜仅比非转基因番木瓜晚 3～5 周发病。叶长明等和阮小蕾等的试验结果表明，T1 和 T2 转基因番木瓜 2 个品系对 PRSV 达到高抗。

采用这种方法获得的转基因番木瓜植株在田间试验时虽然表现为对 PRSV 具有一定抗性，转化过程中胚性组织诱导技术已经相对较为成熟，但再生率和转化率低，而且通过复制酶介导的转基因植株的抗病专化性强，抗性谱较窄。目前存在的最主要的问题就是表现出来的抗性一般只是在植株生长的前期，随着植株的生长转基因抗病植株就逐渐失去抗性，对病毒的浸染只能起到延缓作用，抗病能力不能达到理想的效果。这一技术水平预示着转基因番木瓜在生产实践中将不断受到环斑花叶病毒或者未知病毒的侵扰。

这类转基因植株的抗性水平与转基因植株中的目的基因表达的蛋白质表达量呈正相关关系，如果蛋白质表达量大，抗病能力就较强，如果蛋白质表达量小，抗病能力就较弱。这类转基因植株对一种 PRSV 株系或一个国家和地区的 PRSV 株系有效，而对其他国家和地区的其他 PRSV 株系无效或只有低度抗病性，无法获得具有普抗、高抗、稳定且安全性好的转基因番木瓜品系。

随着对植物抗病机制研究的不断深入，发现植物对病毒的抗性不是由于过量表达外源基因的结果，而是由于转录后基因的沉默产生过程中的 RNA 分子介导的，通过序列特异性的相互作用来抑制基因的表达现象，因此称为 RNA 介导的病毒抗性，即 RNA 沉默机制介导的病毒抗性。植物的 RNA 依赖和高效的 PTGS 的特征，使得植物对病毒的防御机制更加有效。由此可见，RNA 介导的抗性与蛋白质介导的抗性有着明显的不同，它仅依赖转基因的 RNA 转录，而不需要病毒基因编码的蛋白质。与蛋白质介导的抗性相比较，RNA 沉默机制介导的病毒抗性具有许多显著优势。利用这一抗性方式来获得抗病植株的策略具有广阔的应用前景。普林斯 · M （Prins M） 等科学家利用这种方式在烟草、马铃薯、番茄等植物中导入了十多种外壳蛋白基因，获得了高抗番茄斑萎病毒和马铃薯 Y 病毒等多种病毒的转基因植株，这是 RNA 介导抗病毒转基因工作的成功典范，也为开展 RNA 介导番木瓜抗环斑花叶病毒转基因研究提供了依据和参考。在番木瓜抗环斑花叶病毒研究方面，夏威夷大学的研究者们做了大量类似工作，并取得了突破性进展。

3.2.2 番木瓜的组织培养快繁技术

目前，番木瓜杂交种生产主要是人工制种，而番木瓜遗传背景比较复杂，其株性包括雄株、雌株和两性株，花性可分为雄花、雌花和两性花，并且两性花中还有雄性两性花、雌性两性花和长圆形两性花之分。种子繁殖后代的农艺性状，特别是果形、果肉颜色等变异较大。雌性花结的果为卵形，果腔大，种子多，果肉薄，不耐贮运，而两性花结的果为长椭圆形，果腔小，种子少，果肉厚，耐贮运，后者的售价一般为前者的一倍以上。此外，番木瓜有一种世界性、毁灭性的病害——番木瓜环斑花叶病毒病，长期以来缺乏有效防治措施。尽管近年来，美国科学家和我国许多研究者都获得了转基因抗病毒番木瓜品系，但是转基因植物的早代是杂合体，按照传统杂交制种总会分离出一定数量的感病植株，即使获得纯合系后又可能出现转基因沉默，使抗病性丧失。显然，当前普遍采用的种子实生苗进行种植生产的方法显然无法生产出株性纯一并且抗病的优良种苗。无性繁殖能够很好地保存亲本优良性状，是解决上述问题的有效途径。若能利用细胞工程技术，采用组织培养方法快速繁殖优良品种种苗，则既能降低种苗成本，又能保证种苗纯度。建立高效的离体培养再生体系是番木瓜组织培养实用化的首要条件。

番木瓜组织培养的过程必须是器官培养、胚培养、花药培养与单倍体育种、原生质体培养的过程，每个环节的工作对于番木瓜植株的生长都有决定性的作用。

3.2.3 番木瓜优质组培苗体系的建立

番木瓜优质组培苗体系的建立，必须经历选择材料、材料的预处理及消毒、初代培养、丛芽的形成与继代增殖培养、增殖芽的壮苗培养、催根培养、试管苗移栽这一严格的科学程序，方能完成。

组培苗移栽成活率不仅是番木瓜组培苗生产体系的重要环节，同时也是番木瓜种苗商业化生产的基础。

目前，番木瓜的组培苗商业化生产还存在一些问题，其中最主要就是组培苗生根率低、根的质量不高、移栽成活率低等。番木瓜的组培快繁技术还有待进一步研究。

3.3 番木瓜优良抗病品种的培育

3.3.1 毁灭性病害发生

在番木瓜的生产上，环斑花叶病毒（PRSV）是其最致命的病毒病害，几乎给番木瓜的生产带来毁灭性的打击。PRSV 是番木瓜生产上造成损失最严重的一种病毒，也是番木瓜大面积种植中最大的潜在威胁因素。这种病毒在全世界种植番木瓜的地区几乎都存在。这种病毒的存在严重阻碍了番木瓜在世界范围内的生产和发展，很多重病地区，番木瓜品种几乎濒临灭绝。美国在 20 世纪 40 年代首次报道环斑花叶病毒的发生，随后多数番木瓜主要生产国也都相继加以报道。我国学者任佩喻等首先报道环斑花叶病毒在华南地区的发生与危害。在华南地区，环斑花叶病毒的田间发病率一般都达到 70%以上，还有加重的趋势，严重影响番木瓜生产。

2001 年，在我国海南地区，很多番木瓜种植户种植的几百公顷番木瓜由于环斑花叶病毒的发生造成了不可估量的损失。对环斑花叶病毒的防治是番木瓜生产的焦点，大多数番木瓜的遗传改良研究都集中在与该病有关领域。如果不解决好环斑花叶病毒的病害问题就谈不上大面积的番木瓜种植和栽培。遗憾的是，通过杂交等常规育种途径选育抗病品种除了效率低下外，抗病的效果也并不显著。在生产实践中，轮作的农业措施也只能稍微起到减轻病害的作用。

3.3.2 解决病害的根本途径：栽种抗病品种

截至 2012 年年底，国内外研究表明，生产上采用抗病品种已经获得有效的防御环斑花叶病毒的进展。1997 年以来，美国夏威夷转 CP 基因番木瓜商品化，在夏威夷防效显著，但不抗其他国家和地区病原。我国台湾中兴大学获得转 CP 基因番木瓜在台湾地区进行了中间实验，表现高抗，但没有进行环境释放。我国海南省报道了中山大学有转 CP、REP、核酶等番木瓜，但没有 T1 后各代的后续研究报道。2000 年，广州市科技局对中山大学 1991 年 1 月—1999 年 4 月的研究成果“应用基因工程技术获得抗环斑花叶病的转基因番木瓜”予以鉴定和登记，这项处于研制阶段成果在国际上首次建立农杆菌共培养木瓜转化技术，将 PRV CP 和 RP 基因导入番木瓜，获得高度抗病的转基因品系，已通过中试。其中，表达 RP 基因的抗病番木瓜为国际上首次报道。2002 年，广州市科技局组织对中山大学生命科学学院、广州酶制品厂和广州市蔬菜科学研究所共同承担的广州市重点科技攻关计划项目“转基因抗病优质番木瓜新品系的繁育和示范推广”进行科技成果鉴定，认为该项目在转基因抗病番木瓜株系培育和种苗繁育技术上已取得阶段性成果，并正在向产业化推进，预期在解决 PRV 的危害及带动相关产业发展方面具有广阔应用前景。该项目整体成果达到国际先进水平，部分内容达到国际领先水平。2007 年，汕头市科学技术奖三等奖颁给“转基因番木瓜鉴定方法的研究”，主要完成单位是汕头出入境检验检疫局，主要完成者有相大鹏等。

由于我国规定一个转基因植物品系（或品种）应当在已批准进行过生产性试验的一个省级行政区域申请一个安全证书。一次申请安全证书的使用期限一般不超过 5 年。华南农业大学的研究团队的工作具有效率性，申请认证了转基因番木瓜的安全证书，使得广东其他单位的研究团队成果的推广客观上受到限制。调查结果显示，在现实生产过程中，生产者更关心番木瓜的产量，而消费者因循习惯，更在意番木瓜的品质和价格。

3.4 我国转基因番木瓜技术研发路线图

“华农 1 号”转基因番木瓜研发路线如图 3.3 所示。

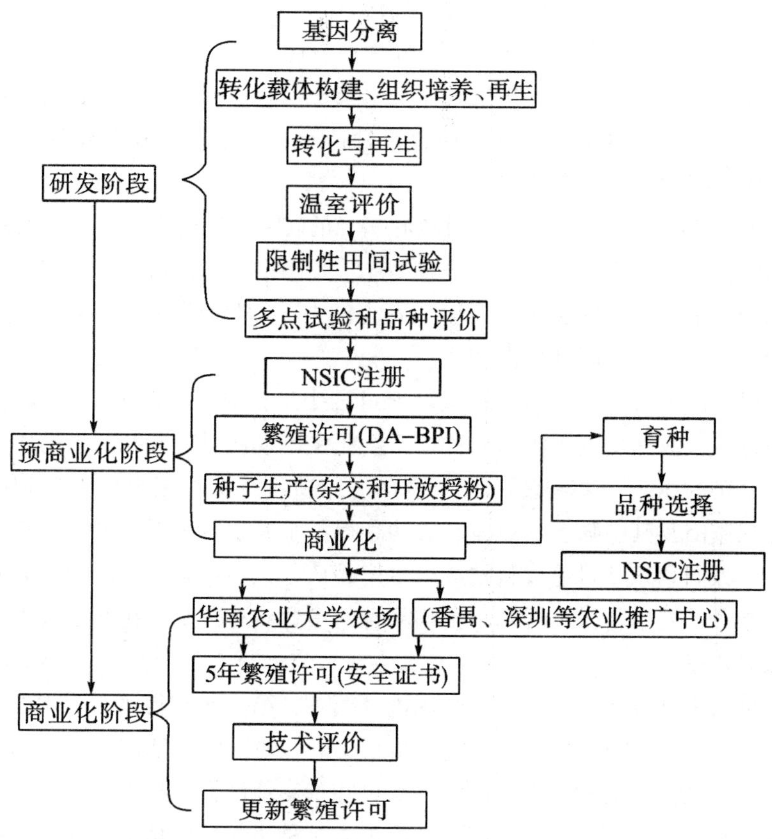

图 3.3 “华农 1 号”转基因番木瓜研发路线图

3.4.1 研发阶段

这一阶段共经历了 10 年左右的时间。

最初的基因分离研究开始于 20 世纪 90 年代中期，1998 年开始进行转化载体构建，2000 年完成了转化再生和温室评价等中间试验，2002 年进入限制性田间试验，开始环境释放阶段。研发阶段完成了安全性评价的主要指标检验，如转基因植物的遗传稳定性、农艺性状、环境适应能力、生存竞争能力、外源基因在植物各组织器官的表达及功能性状的有效性等。

3.4.2 预商业化阶段

预商业化阶段是从生产性试验开始的，要完成安全性评价的主要指标，如转基因植物的遗传稳定性、生存竞争能力、基因漂移检测、对非靶标生物的影响；食品安全性，如营养成分分析、抗营养因子、是否含毒性物质、是否含致敏原；标记基因的安全性；必要的急性、亚急性动物试验数据；等等。

2006 年 12 月 26 日，由华南农业大学李华平教授主持的广东省科技计划攻关项目“番木瓜优良抗病品种的培育及种苗工厂化生产”在广州通过了广东省科技厅组织的科技成果鉴定。

该项目获得了高抗番木瓜环斑花叶病毒的转基因纯合系 2 个和适合市场不同需求的抗病品系 4 个，其中“华农 1 号”是国内首例获得由农业农村部批准的转基因番木瓜准予商品化应用的“安全证书”，是继番茄、辣椒、大豆后准予进行商品化的转基因食用作物。

该研究成果解决了番木瓜组织培养过程中生根难、移栽成活率低的问题，在国内外首次成功实现了番木瓜种苗工厂化生产，使得优质商品果的比例由传统种子繁殖的 50%~80%提高到了 100%。该项目首次在国内外克隆和构建了病毒的双基因及其植物表达载体，成功获得了小果型转基因番木瓜植株。鉴定委员会一致同意该项目通过科技成果鉴定，认为该项目总体达到同类研究的国际先进水平，其中番木瓜转基因抗病品种的培育和种苗工厂化育苗技术达到了国际领先水平。

该项目在其领域内创下了四个国内外第一：第一次获得了含有 PRSV 复制酶基因的、高抗 PRSV 的转基因纯合品系 2 个，并以此为基础，选育出了 4 个表现不同园艺性状的番木瓜新品系，均可在华南地区推广种植。第一次成功实现番木瓜种苗工厂化生产，克服了番木瓜常规种子繁殖中植株株性和花性易于变异的问题，使优质商品果（来源于两性株和两性花）的比例由传统的 50%~80%提高到了 100%，极大地提高了番木瓜单位面积种植内的经济效益。第一次克隆和构建了 PRSV（番木瓜环斑花叶病毒）的双基因（Ys 株系的复制酶基因和 Vb 株系的衣壳蛋白基因），构建了植物表达载体，为进一步获得抗病谱更广的转基因番木瓜奠定了基础。第一次对我国小果型番木瓜品种进行深入和系统的转基因研究，建立了一套良好和有效的转基因受体系统。选育的 4 个新品系 2006 年已在广东省示范种植 350 公顷，增加农民收入 1 261 万元。

深圳、番禺等地农业推广中心共同参与研发，近 5 公顷试验地连续 2 年的种植试验进行了品种评价和选择；同时向农业转基因生物安全评审会提出申请获得批准，拿到繁殖许可证。直到 2006 年 12 月获得在广东省范围内使用的转基因生产安全证书。这一阶段华南农业大学和番禺、深圳等地的种子公司、农业推广部门共同完成了种子（种苗）的生产，建立了转基因番木瓜种子（种苗）生产基地。由于转基因番木瓜种子（种苗）十分稀缺，面临巨大的市场需求，因此推广工作形式是等待番木瓜生产者或企业上门购买。在广东省各地，转基因番木瓜在农村基层不论是农民还是推广人员，一般称呼为穗黄、穗红品种，但普遍为组培苗，也维持着垄断价格。

3.4.5 商业化阶段

经过五年的广东省区域推广和实验，我国农业部“农基安证字〔2010〕056号文件”发布了华南农业大学转番木瓜环斑花叶病毒复制酶基因的番木瓜“华农1号”在华南地区生产应用的安全证书，期限是2010年9月1日2015年8月31日。这标志着转基因番木瓜全面进入了商业化生产阶段。

3.5 小结

3.5.1 农业生产的现实需求推动转基因番木瓜进入商业化生产

“华农1号”转基因番木瓜研发路线图的分析制定，清楚显示了我国转基因植物商业化的路径，在转基因番木瓜商业化的三个不同阶段，参与的主体相异，各主体追求的目标不同。因此，经济分析需要选择主要参与主体来开展，而管理策略和措施必须依据各个环节的具体工作内容来制定。

3.5.2 现代生物科学技术是解决番木瓜生产难题的有效途径

随着植物基因工程的快速发展，植物抗病毒育种已经取得突破性进展。无论是在国外还是国内，植物基因工程展现出比传统育种技术的优势。但是，转基因育种的成果，只是番木瓜生产技术的创新的一个环节。为了保证转基因技术获得较高的技术效率，还要有其他常规技术，如栽培、植物保护以及收获技术的有效配合，特别是推广应用环节的组织创新、推广环节的工作效率，往往决定了转基因番木瓜技术应用的广泛性。

3.5.3 转基因番木瓜商业化生产阶段的生产用品种管理混乱

在我国农业部批准转基因番木瓜准予商品化应用之前的2004年前后，外部转基因品种就通过非正规渠道开始流入我国南部沿海省份，逐渐成为水果型番木瓜的主要栽培品种。据番禺农业种子公司的内部资料，在番禺地区2005年采集的栽培品种样本做抗性检测结果显示，全部栽培品种样本都对PRSV具有抗性。2007年，课题组开展调查和检测，也证明了这一结论。在广东省六市（县、区）的农户种植的番木瓜田中采集的所有样品，经华南热作院的检测，全部含有转基因成分，这也证明在该地区的番木瓜栽培品种普遍具有转基因品种特征。

2016 年 5 月，华南农业大学植物病理实验室从广州南沙区采集了 18 个番木瓜感病样品，运用 RT-PCR 技术，检测到 13 个样品为番木瓜畸形花叶病毒(Papaya Leaf-Distortion Mosaic Virus，PLDMV)。这是首次在中国广东省田间发现番木瓜感染了 PLDMV。经调查推测，该批发病植株是在 2015 年 2 月以后经由海南省或台湾地区番木瓜幼苗传入广东省。华南农业大学植物病理实验室培育的商业化转基因番木瓜“华农 1 号”，只能对番木瓜环斑花叶病毒有很好的防治效果，PLDMV 的发生和流行，可能对番木瓜的生产造成较大的影响，因此在农业生产中应对 PLDMV 引起必要的重视。

4 农民对转基因技术需求及采用研究

农民是农业科学技术的直接采用和实施者，农业技术只有被农民采用才能转化为现实的生产力。农业生产技术在农村的推广、传播和扩散，直接关系到农业生产的科技水平和农业生产力。一方面，随着农村社会经济的不断发展，农业生产收入在农民总收入中的比重下降和农产品比较效益低导致了农户采用农业技术的积极性下降，农民采用新技术的风险意识的加强和农民接受新技术的能力不强，整体上对科学技术的吸纳能力较弱（黄季焜等，2000）。另一方面，由于农民的农业技术需求行为与政府、科研人员以及技术推广人员的科研与推广行为存在着一定程度的不协调，政府、科研人员和农业技术推广人员对农民生产上所需要的技术在认识上存在着脱节（黄季焜、胡瑞法等，1999），推广的技术与农民的技术需求不相符合，难以适应当前市场经济体制下农业生产方式的要求。虽然农业技术推广部门经常开展一些技术试验示范、技术培训、发放技术资料等形式的推广工作，但是由于推广方式落后、部分农民参与技术培训的积极性降低，即使参与技术培训的农民也不一定会采用所推广的技术（曹建民等，2005），农民对政府部门的集中技术培训（讲课）兴趣已有所下降，取而代之的是希望得到农技人员更多的现场技术指导（胡瑞法等，2007）。对大多数农民来说，仅仅提供农业科技信息资料是远远不够的，还需要通过试验、示范、进行言传身教，才能使农民真正掌握好农业技术（黄季焜等，2000）。

然而，很长时间以来，我国多数学者都将研究的重点放在技术扩散主体——推广组织体系、运行模式以及扩散规律等方面的研究上，而缺乏对技术扩散受体——农户系统的研究，特别是对新形势下社会化小农的技术需求与行为变化缺乏深入的探讨。我国小规模经营农户的异质性与农业创新成果目标导向偏差的现实，又进一步凸显了研究农户技术选择行为的重要性与必要性。

为此，本章试图从农户需求出发，通过实证研究的方法探讨农业创新扩散中农户技术选择行为，研究农民的技术采用行为及其影响因素；研究农户技术采用行为的内在机理和农业技术在农村的扩散与传播的规律以及农民技术信息来源渠道；探索基层农业技术推广体系改革的措施，以期从技术需求方——农户的角度转变职能、理顺体制、有效激励、改进推广方式，去适应广大农民群众日益多样化的技术需求，加快科技成果的转化，促进农村经济的增长；为加大国家对农业科技推广的支持力度，培育和扶持多元化、社会化农业技术服务体系的形成和发展等相关问题提供建议。

4.1 农民对转基因技术需求和采用行为的影响因素

转基因技术对于生产者来说，是个全新的概念，加上整个社会对于转基因技术的认识充满了争论，影响农民对转基因技术需求和采用行为的因素具有复杂性和多样性。本章的研究目的是通过对农民技术采用情况的调查，了解农民农业技术信息的来源；考察不同技术信息来源对农民技术采用的影响，与此同时研究农户社会关系与农民技术采用的关系，弄清农户社会关系网络的层次和群体规模与农户技术采用的相互关系和规律；弄清影响农民技术采用决策的影响因素。在此基础之上，我们探讨适应农民的技术需求进行基层农业技术推广体系推广方式创新的相关措施，如何建立畅通高效的农民技术需求反馈机制，并为我国农业技术推广体系的综合配套改革提出相关政策建议。

4.1.1 影响农民对转基因技术需求和采用行为因素分析的路径设计

农户作为一个独立从事农业生产经营活动的主体，根据其经营目标以适应市场需求的变化，在自身所处的自然、经济、社会环境资源禀赋的约束条件下来调整自己的农业生产结构、从事农业生产，为实现其经营目标达到增产增收的目的势必会产生对农业新技术的需求。在此过程当中，农户通过多种渠道获取有关农业生产新技术的信息，并通过自己的技术采用试验和观察其他农民的技术采用情况，不断地积累和更新自己对新技术的了解认识，结合自身的需求及资源禀赋条件做出技术选择和采用的决策。

农户的社会关系网络在农户技术采用的不同阶段起着不同的作用，尤其是对农户技术评价和决策起着十分重要的导向作用。同时，农业技术推广在整个过程当中承担着技术来源、技术需求的诱导等角色，对农民的技术需求和技术采用起着非常重要的作用。结合文献综述当中的相关研究，本书的研究框架如图 4. 1 所示。

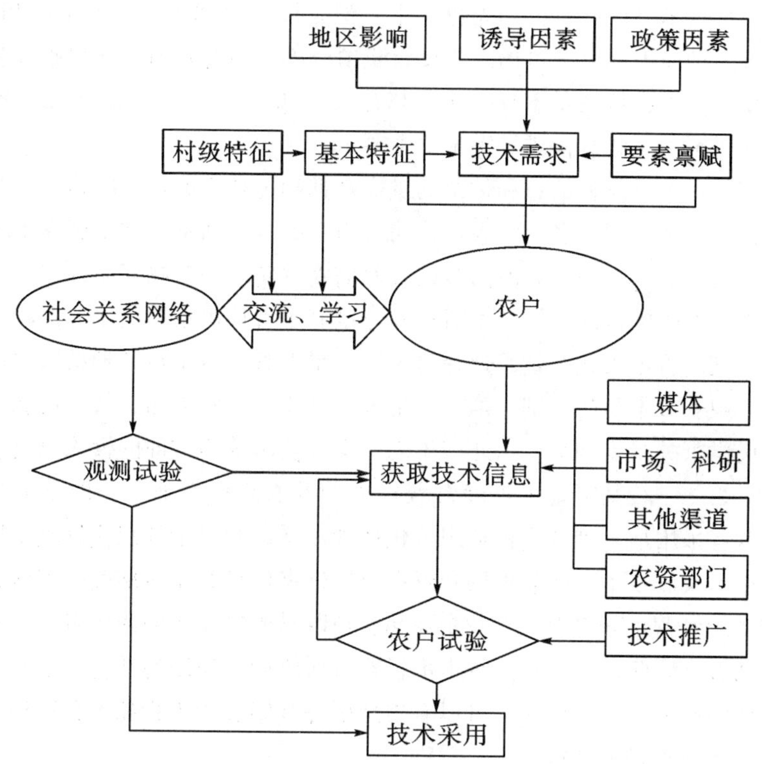

图 4. 1　农民对转基因技术需求和采用研究框架

首先，对目前农户社会关系网络结构及规模和农民的实际技术采用情况进行调查。我们通过调查了解农户社会关系网络结构及规模、农民的技术采用情况以及农民获取技术信息的主要渠道，以了解农民获取农业生产技术信息的渠道和来源，分析不同渠道对农民技术需求和技术采用的影响。

其次，农民的技术采用决策过程及影响因素研究。我们通过了解农民在生产实际中技术采用的决策过程，分析农户社会关系网络结构及规模和其他因素对农民技术采用行为的影响。

最后，在研究的基础上提出创新基层农业技术推广体系的技术推广方式方法，以适应农民的技术需求，建立高效畅通的农民技术需求反馈机制，提高农民对技术的采用程度，加快新技术的扩散和转化，充分发挥企业、私人、民间社会组织、农民协会等在农业技术推广服务体系中的作用等相关政策建议。

4.1.2 广东番木瓜新技术扩散现状

我们通过调查发现，广东的番木瓜遗传资源匮乏，自育品种严重不足，虽然种苗繁育技术已经具有世界先进水平，但是没有得到进一步的推广和采用，造成自育品种尚不能主导市场。相反，我国台湾等地转基因品种却通过非正规渠道大规模流入，抗病番木瓜种子价格昂贵，达 5 万~12 万元/千克，繁殖方式仍以种子苗为主，这构成了番木瓜主要生产成本。

转基因番木瓜品种信息和种苗的供应及其相关技术的扩散路径，完全依赖于农民自身社会关系或者台湾农友公司等组织的推广活动，基本脱离了政府部门的组织调控。这种现实状况向我国政府的农业转基因生物安全性评价与管理体系提出了严峻的挑战，给学术研究及政策制定者提出重要的研究课题。

从转基因番木瓜相关技术选择过程和效果考察，番木瓜的种植农户或企业与稻农、棉农有本质的区别。第一，番木瓜是非主要农产品，其产量和价格完全由市场供求关系来调节，由此产生的资本、技术等多方面的投入更具有广泛的影响。第二，转基因番木瓜经营获得成功的农户或企业，一般是大规模经营，经营者采用最先进的品种和规范化技术体系以及科学的现代管理手段，对国内外技术发展水平、产品市场和资本市场供求信息有及时准确的了解，并应用在现实的经营过程之中。这些企业和农户既是先进技术的使用者也是技术发展的推动者。因此，对转基因番木瓜经营者所能调动使用的社会资本对转基因技术扩散的影响等进行研究，可以有力地引导我国农业生物技术科研模式及转基因技术扩散路径的变革。

关于广东省转基因番木瓜农户技术选择的研究对未来我国其他粮食转基因作物商业化发展，在制定策略和政策方面有极其重大的现实意义。

4.2 技术采用行为的经济理论模型

技术采用（采用和不采用两种选择）是一个二元选择模型（Binary-choice Model），其假设个体面临着二选一的抉择，其选择依赖于可分辨的特征，是实际经济分析当中的离散因变量问题，研究选择结果与影响因素之间的关系。影响因素包括两部分：决策者的属性和备选方案的属性。在二元选择模型中，对于单个方案的取舍，如购买决策、职业选择、贷款决策，由决策者的属性决定；对于两个方案的选择，如两种出行方式的选择、两种商品的选择，由决策者的属性和备选方案的属性共同决定。

二元选择模型主要应用于社会关系与农户技术采用行为分析，包括以下几个方面的内容：第一，农户是农业生产经营主体，根据其经营目标和生产条件等来进行技术选择。第二，农户技术采用行为的影响因素的主要研究，如研究其生产要素禀赋，农户特征、制度、政策、风险等。第三，农户技术采用是一个不断更新技术投入产出参数信息的学习过程，如干中学（Learning by Doing）和向他人学习（Learning from Others）。第四，农户处在农村这个由多种复杂的社会关系形成社会关系网络（Social Network）当中，网络成员之间的行为必定会相互产生影响。

二元选择模型的模型包括二元选择模型的经济理论模型和二元选择模型的一般经济计量模型。二元选择模型的一般经济计量模型的具体形式为线性概率模型（LPM）、Logit 模型和 Probit 模型。

4.2.1 技术采用行为的理论模型

关于采用某种技术基于微观经济学理论中个体选择行为的论述，对消费者而言，个体对某种消费品的选择是一个对于不同消费品预期效用的比较过程；对生产者而言，做出是否采用某种新生产技术的选择，是对该项新技术的预期利润的评价过程。而对该项技术预期利润的评价又取决于生产者对于采用这项技术的生产函数参数的了解程度，即采用该技术的投入产出水平。在实际的分析过程中，由于消费者效用是无法观测的，生产者对于预期利润（尤其是农业生产）的评价也是无法观测的，可观测的是实际的个体选择行为，因此只能用可观测选择行为来分析消费者的效用评价和生产者的预期利润的评价。于是我们可以建立以下的理论分析模型：

对于农户 i 如果采用新技术，其预期利润为：

$$V_i^1 = X_i B^1 + \varepsilon_i^1 \tag{4.1}$$

对于农户 i 如果不采用新技术（采用老技术），其预期利润为：

$$V_i^0 = X_i B^0 + \varepsilon_i^0 \tag{4.2}$$

于是有：

$$V_i^1 - V_i^0 = X_i(B^1 - B^0) + (\varepsilon_i^1 - \varepsilon_i^o) \tag{4.3}$$

其中，X_i 为影响农户 i 对于采用新技术预期利润的评价的因素，包括对于采用新技术投入产出参数的了解程度、个体特征等及其他影响因素。

令：

$$y_i^* = V_i^1 - V_i^0 \tag{4.4}$$

则有：

$$y_i^* = X_i B + \varepsilon_i^* \tag{4.5}$$

如果采用新技术的预期利润大于不采用新技术（采用老技术）的预期利润，则农户就会采用新技术，反之则不采用新技术，即：

$$\begin{cases} y_i = 1(y_i^* > 0) \\ y_i = 0(y_i^* \leqslant o) \end{cases} \tag{4.6}$$

因此，农户是否采用某项新的农业生产技术主要取决于其对采用该项技术的预期利润评价，同时也受农户自身的农业生产禀赋条件、政策及其他生产条件的制约，而农户采用新技术的预期利润取决于对于采用该技术投入产出参数的了解程度。农户了解和掌握新技术投入产出参数主要通过生产试验和观察的学习过程，来不断更新对于一项新技术的投入产出参数的认识。

4.2.2　技术采用行为的一般经济计量模型

分析和研究农户技术采用行为，实际观测到的是农户是否采用技术，即因变量是一个二元变量，其取值是 1 或 0（其中 1 表示采用技术，0 表示不采用技术）。分析影响农户技术采用的因素，实际上是关注农户采用某项技术概率的大小和影响农户采用技术概率的主要因素。从计量分析的角度看就是以诸多影响因素为条件的采用技术的条件概率：

$$P\left(y_i = \frac{1}{x_i}\right) \tag{4.7}$$

由技术采用的理论模型可得：

$$Y = E\left(\frac{Y}{X}\right) + N \tag{4.8}$$

由于概率 $P(\varepsilon_i^* \leqslant -X_iB)$ 满足一定的概率分布形式 $F(-X_iB)$，根据概率分布函数的性质得到：

$$\begin{aligned} P\left(y_i = \frac{1}{X_i}\right) &= P(y_i^* > 0) = P(\varepsilon_i^* > -X_iB) = 1 - P(\varepsilon_i^* \leqslant X_iB) \\ &= 1 - F(-X_iB) = F(X_iB) \end{aligned} \tag{4.9}$$

如果把每一次观测到的农户的技术采用行为看成一次随机抽样，那么对于一个总体，描述技术采用行为的变量 Y 就成为一个随机变量，而这个随机变量是围绕着以影响技术采用行为的诸多因素为条件的条件期望而波动：

$$Y = E\left(\frac{Y}{X}\right) + U \tag{4.10}$$

条件期望正是满足某种概率分布形式的分布函数：

$$E\left(\frac{y_i}{X_i}\right) = 1 \times P + 0 \times (1 - P) = F(X_iB) \tag{4.11}$$

于是可得到总体回归函数和样本回归函数：

$$Y = F(X_iB) + N$$

$$y_i = F(X_iB) + \varepsilon_i \quad (i = 1,2,\cdots,n) \tag{4.12}$$

影响农户技术采用行为的因素是以一定的概率分布函数形式影响农户技术采用的概率。因此，选取不同的分布函数形式可以得到不同的回归模型。

4.2.3 技术采用行为分析的一般经济计量模型的具体形式

4.2.3.1 线性概率模型（LPM）

如果把技术采用的相应概率直接看成影响因素的线性函数，就构成了线性概率模型：

$$Y_i = \beta X_i + \varepsilon_i \tag{4.13}$$

其中，X_i 表示第 i 个个体的特征的取值，如年龄、职业、教育等。

$$Y_i = \begin{cases} 1 & \text{如果是第一种选择，如采用某项技术} \\ 0 & \text{如果是第二种选择，如不采用某技术} \end{cases} \tag{4.14}$$

ε_i 为相互独立且均值为零的随机变量，则有：

$$y_i = E\left(\frac{y_i}{X_i}\right) + \varepsilon_i = p_i + \varepsilon_i = X_iB + \varepsilon_i \tag{4.15}$$

通常情况下，x_i 可以是基本解释变量的函数，可直接改变 β_i 的解释。若假定 x_i 在函数关系上与其他解释变量不相关，则：

$$\beta_i = \frac{\partial y_i}{\partial x} \tag{4.16}$$

β_i 表示给定 x_i 增加一个单位时成功概率的变化。如果 x_i 是一个二元解释变量，那么 β_i 表示当 $x_i = 1$ 与 $x_i = 0$ 时，且其他解释变量不变时成功概率的差。从线性概率模型的设定形式上看，一旦解释变量对于相应概率的影响是二次项、对数的函数形式，线性概率模型的解释更为明确，β_i 正是测量了解释变量 x_i 对特殊概率中的效应。

因此，可以推出线性概率模型的条件期望和方差为：

$$E\left(\frac{y_i}{X_i}\right) = E(X_iB + \varepsilon_i) = X_iB \tag{4.17}$$

$$E\left(\frac{y_i}{X_i}\right) = 1 \times \left(y_i = \frac{1}{X_i}\right) + 0 \times P\left(y_i = \frac{0}{X_i}\right) = 1 \times p_i + 0 \times (1 - p_i) = p_i \tag{4.18}$$

$$Var\left(\frac{y_i}{X_i}\right) = X_iB(1 - X_iB) \tag{4.19}$$

若给定一个随机样本，运用 OLS 回归线性概率模型会得到 β_i 的一致估计量。但当斜率系数 β_i 有一个不为 0 时，上式会存在异方差的问题。

在实际运用中，线性概率模型不论是采用普通最小二乘法，还是采用加权最小二乘法进行估计都会违背统计的无偏性和一致性要求，因为变量 Y_i 不遵循统计学要求的正态分布。一方面，对于线性概率模型的预测，由于某些 OLS 拟合值没有位于 0~1，WLS 分析在没有将偏离的拟合值调整到［0，1］区间上时是不能奏效的。另一方面，线性概率模型不管 x_i 的初始值，x_i 在其他条件不变的情况下增加单位长度会改变 Y_i 同等的数量，这一含义在字面上是不能成立的，因为对于 x_i 连续地增加最终会导致 Y_i 小于 0 或大于 1。由于 OLS 拟合值 y_i 是条件概率 Y_i 的估计值，如果所预测的概率大于 1 或小于 0 是较难处理的。由普通最小二乘法和加权最小二乘法估计出的系数的标准差和 t 检验值不适用于统计学的假设检验。因此，LPM 在实际的回归当中应用很少，大多用于理论模型的比较。

4.2.3.2　Logit 模型和 Probit 模型

基于线性概率模型的缺陷，对于一个二值响应模型：

$$y_i = F(X_iB) + \varepsilon_i (i = 1, 2, \cdots, n) \tag{4.20}$$

运用线形概率模型，其选择概率分布函数 $F(X_iB)$ 的形式，分布函数必须满足以下的条件：

$$\begin{cases} 0 \leqslant F(X_iB) \leqslant 1 \\ X_iB \to +\infty, \ F(X_iB) \to 1 \\ X_iB \to -\infty, \ F(X_iB) \to 0 \\ F \text{ 是单调函数} \end{cases} \tag{4.21}$$

通常累积分布函数能够满足上述条件，通过选择不同的累积分布函数，可以得到不同的模型，使用最多的是 Probit 模型和 Logit 模型。

如果选取的分布函数为：

$$F(z) = \Lambda(z) \equiv \frac{\exp(z)}{[1 + \exp(z)]} \tag{4.22}$$

可得到 Logit 模型：

$$y_i = \Lambda(X_iB) + \varepsilon_i \tag{4.23}$$

如果选取的分布函数为：

$$F(z) = \varphi(z) \equiv \varphi(v)\,\mathrm{d}v \tag{4.24}$$

其中 $\varphi(z) = (2\pi)^{-1/2}\exp(-z^2/2)$ 是标准正态分布函数，可得到 Probit 模型：

$$y_i = \int_{-\infty}^{\bar{X}_iB} (2\pi)^{\frac{-1}{2}} e^{\frac{-x^2}{2}} \mathrm{d}x + \varepsilon_i \tag{4.25}$$

对于这一类模型，可以使用最大似然法进行估计。由于给定 x_i 的情况下。y_i 的概率分布函数为：

$$P\left(y_i = \frac{1}{X_i}\right) = F(X_iB) \tag{4.26}$$

在样本间相互独立的假定条件下得到随机变量 Y 的联合概率分布为：

$$P(y_1, y_2, \cdots, y_n) = \prod_{y_i=0} [1 - F(X_iB)] \prod_{y_i=1} F(X_iB) \tag{4.27}$$

于是可以得到样本的对数似然函数：

$$\mathrm{In}L = \sum_{i=a}^{n} \{y_i \mathrm{In}F(X_iB) + (1 - y_i)\mathrm{In}[1 - F(X_iB)]\} \tag{4.28}$$

最大化对数最大似然函数得到其一阶条件为：

$$\frac{\partial \mathrm{In}L}{\partial B} = \sum_{i=1}^{n} \left[\frac{y_i f_i}{F_i} + \left(1 - y\frac{-f_i}{1 - F_i}\right)\right] X_i = 0 \tag{4.29}$$

解此一阶条件可得到参数 B 的一致估计量。

线性概率模型虽然有上述的部分缺点，但线性概率模型似乎良好地估计了相应概率中接近 x 分布中心的偏效应，如果主要目的是去估计 x_j 对相应概率的偏效应，对于 x 的分布进行平均，那么某些预测值位于单位区间之外并不是非常重要的。LPM 并不需要在 x 的极端值上提供非常好的偏效应估计值。线性概率模型在离散选择模型的应用当中仍有 Logit 和 Probit 模型不具备的一些优点（Bandiera & Rasul，2006）。一方面，线性概率模型在解释变量的不同函数形式的估计上有更多的选择余地，而且计算解释变量的高阶多项式的边际影响更为明确。另一方面，线性概率模型能控制诸如村级或县级等的固定影响而不会引起其他系数的偏误。

4.3 农民的技术采用行为

现在考虑每个农民采用一项新技术的决策行为。假设农民可以使用传统技术，而且农民能确切地了解传统技术的参数，为了简化术语，并假设农民从传统技术中得到的回报是没有风险的，令其等于 q_a，但是后面得到的结论并不依赖于这个假设。现在如果暂时不考虑社会学习的问题，而假设每个农民独立地学习新技术的参数。如果农民在 t 时期使用新技术，那么令 $\iota_t = 1$； 如果他使用传统技术，那么令 $\iota_t = 0$。从时期 t 到时期 T，农民 i 的未来利润流的价值为：

$$V_t(I_{t-1}) = \max_{\varepsilon_t \in \{0,1\}} E_t \sum_{s=t}^{T} \delta^{s-t}[(1-\iota_s)q_a + \iota_s q_s(I_{s-1})] \tag{4.30}$$

其中 $I_s = \sum_{t=0}^{s} \iota_t$，在时期 t 有：

$$V_t(I_{t-1}) - \max_{\iota_t}(1-\iota_t)q_a + \iota_t E_t q_t(I_{t-1}) + \delta V_{t+1}(I_t) \tag{4.31}$$

我们有两个评论：第一，由于预期利润是新技术试验次数的增函数，那么一旦农民转向了新技术，他将一直使用该技术。也就是说，由于 $Eq_t(I_{t-1})$ 是 I_{t-1} 的严格递增函数，那么如果 $\iota_t = 1$，对所有的 $s > t$，有 $\iota_s = 1$。由于目标投入模型首先假设新技术要比旧技术更优越，因此学习的问题也就是发现新技术的精确特征的问题。

第二，从旧技术向新技术的转变可能会在旧技术仍然有利可图的情况下发生。考虑一个农民在0时期采用新技术的决策。如果满足下面的条件，他将在0时期采用新技术：

$$q_a - E_q(0) \leq \delta[V_I(1) - V_I(0)] \tag{4.32}$$

因此，如果当前预期利润的损失小于更多新技术试验带来的未来利润收益（贴现值），那么该农民就会采用新技术。显然，式（4.18）的右边为正：

$$V_I(1) - V_I(0) = E_0 \sum_{s=1}^{T} \delta^s [q(s) - q(s-1)]$$

$$= \sum_{s=1}^{T} \delta_s [\frac{1}{\rho_{i0} + (s-1)\rho_0} - \frac{1}{\rho_{i0} + 2\rho_0}] > 0 \tag{4.33}$$

因此，即使新技术的预期利润低于旧技术的相应值，农户也有可能采用新技术。

现在，我们来考虑农户可以从其社会关系网络成员当中学习的情况。如果农民可以相互学习技术经验，那么农民采用新技术的决策取决于他与其社会网络中其他成员之间的互动，即一个农民未来预期利润的价值不仅取决于他自己关于新技术的经验，而且也取决于他的社会关系网络中其他成员的相关经验。

假设农户 i 可以从传统的技术中获得没有风险的回报 q_n，令 $a_{it} = 1$，如果农户 i 在 t 时期采用了新技术，没有采用则为 $a_{it} = 0$。

如果农民 i 向其他农民学习，则农民 i 的技术采用决策依赖于他的社会关系网络中其他农户的技术采用决策。那么，对于农户 i 从 t 时期到 T 时期，其未来预期利润的价值为：

$$V_t[I_{t-1},N(i)_{t-1}] = \max_{a_{it}\in\{0,1\}} E_t\sum_{s=t}^{T}\delta^{s-t}\{(1-a_{is})q_n + a_{is}q_s[I_{s-1},N(i)_{s-1}]\}$$
$$= \max_{a_{it}\in\{0,1\}} (1-a_{it})q_n + a_{it}E_tq_t[I_{s-1},N(i)_{s-1}] + \delta V_{t+1}[I_t,N(i)_t] \quad (4.34)$$

其中，$I_{s-1}=\sum_{t=0}^{s}a_{is}$ 是农户 i 自己直到时期 s 进行的新技术试验总次数；$N(i)_{s-1}$ 则是农户 i 的社会关系网络中其他成员在同一时期内进行的新技术试验总数；δ 是衰减率。

只有在下面的条件下，农户才在0时期采用新技术：

$$E_0q_0[0,\ N(i)_0] + \delta V_1[1,\ N(i)_0] \geqslant q_n + \delta V_1[0,\ N(i)_0] \quad (4.35)$$

由于预期的产出增加农户自己的新技术试验的数量，一旦农户转向采用新技术，他就不会再转出新技术，技术采用是一个吸收的过程。

$$V_1[1,\ N(i)_0] - V_1[0,\ N(i)_0] = E_0\sum_{s=1}^{T}\delta^s\{q[s,\ N(i)_0] - q[s-1,\ N(i)_0]\}$$
$$= \sum_{s=1}^{T}\delta^s[\frac{1}{\rho_{i0}+s\rho_0+N(i)_0\rho_0} - \frac{1}{\rho_{i0}+(s-1)\rho_0+N(i)_0\rho_0}] > 0 \quad (4.36)$$

因此，即使在传统技术的收益比新技术的预期收益高的时候，农户仍有可能采用新技术。

对于农户 i 在时期0采用技术的决策取决于他从其社会关系网络中可获得的信息。对应于 $N(i)_0$ 的在0时期采用技术的净收益的微商是：

$$\frac{\partial E_0q_0[0,\ N(i)_0]}{\partial N(i)_0} + \delta\frac{\partial\{V_1[1,\ N(i)_0] - V_1[0,\ N(i)_0]\}}{\partial N(i)_0}$$
$$= \frac{\rho_0}{[\rho_{i0}+N(i)_{t-1}\rho_0]^2} + \delta\sum_{s=1}^{T}\delta^s\left\{\frac{\rho_0}{[\rho_{i0}+s\rho_0+N(i)_0\rho_0]^2} - \frac{\rho_0}{[\rho_{i0}+(s-1)\rho_0+N(i)_0\rho_0]^2}\right\} \quad (4.37)$$

对于农户 i，当他的社会关系网络当中采用新技术的成员增加时，农户 i 采用新技术的动机有两种相反的作用：第一，农户 i 的社会关系网络成员采用了新技术，为他创造了一个学习的外部环境，在这种环境下，如果他采用了新技术就会提高他的当前收益，农户 i 因此而有动机采用新技术。第二，农户 i 有动机策略性地推迟采用新技术。当他的社会关系网络当中有越多的成员采用新技术时，农户 i 从他自己采用新技术的过程当中获得的信息的价值越低。因此，农户 i 增加一项新技术的试验获得的预期收益率会减少他的社会关系网络当中成员的试验数量。

在时期 0，从技术采用当中获得的净收益会增加或减少农户的社会网络当中新技术采用者的数量。从直觉上看，一个眼光越短浅的农户其策略性推迟采用技术的动机越小，并且式（4.37）就越有可能为正，在农户 i 采用新技术的趋势和他的社会关系网络的决策 $N(i)_0$ 之间形成一种正的相关关系；相反，对于那些眼光越长远的农户，他们的技术采用趋势与其社会关系网络成员的决策之间越有可能是负的相关关系。

上述理论模型对于实证分析模型有以下两点启示：

第一，当信息的外部效应和策略性的滞后效应对于社会关系网络中技术采者的数量都是曲线形式的时候，$N(i)_0$ 对于农户 i 采用新技术的趋势的效应是非线性关系。

第二，$N(i)_0$ 对于技术采用收益的净现值的边际影响减少 ρ_{i0}，尽管呈现出了信息的外部效应和策略性的滞后效应，农户在开始时对新技术的信息了解得越精确，其技术采用决策行为对于他社会关系网络当中采用技术者的数量越不敏感。

4.4 实证分析模型及变量描述

4.4.1 农户技术采用实证分析的一般模型

农民的技术采用行为是一个动态的、复杂的社会学习过程，因此农户所处的社会关系网络群体成员的行为会对农户的技术采用行为产生影响。除此之外，影响农户技术采用行为的因素主要有市场诱导因素、农户自身的特征、生产要素禀赋、当地的农业生产资料市场的状况、与影响农户社会关系网络群体成员之间相互交流和学习密切相关的村级特征、农业技术推广部门的推广以及地区和政策因素等的影响。本书设定采用以下实证分析的一般形式：

农户的技术采用变量 = f（农户社会关系网络群体规模；影响农户社会关系网络群体成员之间相互交流和学习的村级特征；农户基本特征变量；生产要素禀赋变量；农技推广变量）

4.4.2 实证分析模型变量的设定及预期影响产生影响

被解释变量的设定：对于农户技术采用的衡量指标，可以使用采用新技术的作物播种面积、农户采用新技术种类的数量以及农户是否采用某一项技术等指标来衡量。根据本书的研究目的，本书采用农户是否采用一项农业生产技术（如新品种）作为被解释变量，即农户采用技术为1，没有采用为0（关于被解释变量的具体设定在下面相应内容进行详细阐述）。

解释变量的设定和预期的影响：农户的技术采用行为是一个复杂的生产决策过程，农户自身以及外部的社会经济环境条件各方面的诸多因素，都会对农户的技术采用行为产生影响。本书把这些影响因素分为八类：农户的社会关系网络因素、村级特征、农户特征、农业生产要素禀赋、当地农资市场因素、市场诱导因素、农业技术推广、地区及政策因素。本书的研究特别关注农户的社会关系网络成员的农业技术采用行为对农户技术采用行为的影响。变量名称及预期影响方向详见表4.1。

表4.1　农户技术采用影响因素及其预期影响

变量名称	变量说明	预期影响方向
农户社会关系网络群体规模		
农户的亲友数量	连续变量，单位：户	+
农户所在村级特征		
走完最近的20户所需时间	连续变量，单位：分钟	-
农户家离最近的小卖部的距离	连续变量，单位：500米	-
农户基本特征		
户主年龄	连续变量，单位：岁	+/-
户主受教育水平	连续变量，单位：年	+
农户生产要素禀赋		
农户家庭财产	连续变量，单位：千元	+/-
耕地面积	连续变量，单位：公顷	+/-
农业技术推广因素		+
是否有参加转基因番木瓜的技术培训	虚变量，是=1；否=0	+

各解释变量的详细设定如下：

变量一：农户社会关系网络群体规模。农户的技术采用是一个不断学习、更新技术参数信息的过程，这个过程可以通过农户自己的新技术试验来学习，也可以通过观察其他农户的新技术采用情况去了解有关新技术的信息。相比较而言，农户依靠自己的新技术试验来获取有关新技术参数的信息是一个较缓慢的过程，而通过观察其他农户的新技术采用去获取有关新技术参数的信息，由于农户可以观察到更多的农户技术采用情况，从而可以对新技术的采用做出更快的决策。

农户生活在农村，每个农户都处于由多种社会关系构成的复杂的社会关系网络当中，这些网络中其他成员的行为及整个网络成员的群体行为，都会对个体的行为产生影响。在农村中由血缘形成的亲戚关系是一个相对稳固的社会群体关系，对于农户的生产生活起着非常重要的作用。这个社会群体中成员之间往往能够以最低的交易成本实现农业生产资源和信息的共享。因此，亲戚关系的网络当中成员的技术采用行为会对其他成员的技术采用行为产生影响。另一种群体关系是由居住、农业生产过程当中的相互合作等形成的朋友关系，如邻居等。这种关系相对于亲戚关系的亲密程度较差，但由于居住和土地分布等相对集中，相互间的协作和交流的频率可能比亲戚关系更多。在这个社会关系网络中成员的技术采用行为同样会对其他农户产生影响。除了这两种社会关系网络，其他形式的社会关系网络对农户新技术采用行为的影响就相对不明显了（Bandiera & Rasul，2006）。

农户的社会关系网络群体规模不仅反映了农户社会关系网络中采用技术的群体成员的数量，同时也能反映农户通过社会关系网络学习和掌握技术参数的情况。因此，本书采用农户的亲戚朋友的户数作为衡量农户社会关系网络影响因素的变量。

变量二：农户所在村级特征。因为本书是从社会关系网络分析其对农户技术采用行为的影响，因此需要关注影响农户的社会关系网络成员之间相互交流、沟通和学习以及农户获取技术信息和农户之间相互交流便利程度密切相关的一些村级特征。本书选取了能够反映农户居住密集程度的变量，即走完距农户家最近的20户所需的时间；能够反映农户获取和交流信息便利程度的变量，即农户家离最近的小卖部的距离两个变量作为村级特征。

走完距农户家最近的20户农户所需的时间反映了农户之间居住的密集程度。在日常的生产和生活中，农户与居住较近的亲友交往密切，尤其是周围的邻居和朋友间在生产上互相协作，在生活中相互帮助，加深了邻居和亲友之间的相互信任与了解，更主要的是相互之间的信息交流、沟通以及农业技术的相互学习更为频繁。

变量三：农户基本特征。本书对农户的基本特征用户主的个人特征来描述。在农村的现实情况中，户主性别大多数是男性，户主性别对于技术采用行为的影响没有明显的差别。因此，本书采用户主年龄、户主受教育水平两个变量作为描述农户基本特征的变量。

不同年龄的农户对于不同类型的农业生产技术有不同的选择倾向。宋军、胡瑞法等人在1998年的研究表明：农户的年龄对于高产技术和节约劳动力的技术采用有差别，可见户主的年龄对农户的技术采用行为产生影响。

大量有关技术采用的实证研究都表明农户的受教育程度与农民的技术采用行为是呈正相关关系的。受教育程度越高的农户越能够获取来源于各种渠道的农业技术信息，并且有能力对来源于各种渠道的农业技术信息进行评估和选择。一旦农户对有关新技术的信息掌握到一定的程度，农户就会开始采用该技术。目前，由于农户当中户主仍是农业生产活动的主要决策者，因此户主受教育水平对农户技术采用行为产生影响。

变量四：农业生产要素禀赋。农户的农业生产要素禀赋主要包括耕地、资金和劳动力三个方面。根据技术诱导理论，当某种生产要素禀赋变得稀缺时，其会诱导农民采用能够节约该种资源的技术。由于本书主要研究的是农户对农作物品种技术采用的行为，而劳动力对于品种间的选择反应不敏感，因此我们选用了耕地面积、农户家庭财产（经济实力）作为影响农户技术采用的生产要素禀赋因素。

耕地面积相对较大的农户不采用某项新技术的机会成本相对于耕地面积较小的农户要大得多，因为在采用某项新技术时其容易形成规模经济，因此耕地面积大的农户比耕地面积小的农户就更愿意去了解有关农业技术方面的信息，耕地面积较大的农户采用新技术的概率也较大。一般预期是在其他条件不变的情况下，农户的耕地面积越大，农户对种植业技术需求的意愿越强，对于新技术采用的概率越大。本书选取农户责任田和承包田的面积作为农户耕地面积禀赋的变量。

农户家庭财产（经济实力）是影响农户技术选择的一个主要因素（林毅夫，1994；朱希刚，1995；宋军等，1998）。农户的家庭经济条件对农户的技术采用行为会产生两方面的影响：一方面，农户家庭经济实力的强弱决定着其抵御农业生产风险能力的强弱，从而影响农户对于新技术的尝试和采用。家庭经济实力较强的农户，由于其抵御风险的能力较强，因此更愿意对新技术进行尝试和试验；家庭经济实力相对较弱的农户往往是先观望，如果一项新技术确实风险很小甚至不存在风险，这些农户才会开始采用。另一方面，不同家庭经济实力的农户对于不同类型的技术选择也是不同的。家庭经济实力较强的农户可能更愿意采用一些节约劳动的技术以及一些优质品种和生产技术；而家庭经济实力相对较弱的农户则相反。本书选取农户的家庭财产总价值作为衡量农户家庭经济实力的变量。

变量五：农业技术推广因素。农业技术推广部门通常采取举办培训班、发放技术资料、试验示范等多种形式，为农民介绍和引进新品种并提供农业技术及市场信息和技术服务，以此来影响农户的技术采用行为。发放“明白纸”等形式的农业技术资料是目前农业技术推广部门广泛采用的一种推广方式。因此，本书采用农户所在的村农业技术推广部门是否举办农业技术培训班作为农业技术推广因素的变量。

4.5 样本选取、数据调查设计及样本的基本情况

本次调查是基于了解和分析农民技术需求与技术采用行为的目的进行的。为保证调查数据的可靠性，我们对整个调查工作进行了认真的研究和准备，包括调查方案的设计、调查内容的确定和调查问卷结构设计、人员培训以及其他相关工作。

4.5.1 样本设计及选取

我们根据广东省番木瓜在各地的具体种植面积，依据二阶段抽样方法选取样本市（县、区），选择珠海、番禺、徐闻、廉江、鹤山、高要 6 个市（县、区）。在上述地区中，我们根据其下属各镇的实际番木瓜种植面积以及考虑当地实际情况，同样依据二阶段抽样方式选取调查的 15 个乡镇。然后，我们依据乡镇番木瓜实际种植情况，选取样本村，一共访问 51 个样本村，通过与番木瓜种植户面对面的交流访问，一共取得 238 份有效农户数据。

4.5.2 调查方法及调查程序

为了能够更为深入全面地了解样本的情况，得到较为可靠的数据，在调查方法上我们采用了问卷调查的方法。问卷调查是调查员按照事先设计好的问卷以问答的形式，一对一地向农民了解情况。这种方法主动权在调查员，要求调查员十分清楚问卷内容和结构，同时要有较强的面对面沟通的能力。这种方法的优点是能够按照预期目标获取较为全面的数据，不足之处是农户完全是按照调查员的思路来回答问题，而在此之外的信息可能了解不到。

在正式调查工作展开之前，我们在相关调查问卷和调查程序设计完成之后，首先对调查员从问卷的结构、内容、调查方法、程序以及样本的选取和调查当中常见问题的解决等几个方面进行了严格的培训，同时做了大量与各样本地区的联络和协调的前期准备工作。在调查过程中，如果遇到样本农户不在或是常年在外从事非农就业，可以选取花名册上与其相邻的农户或者是该农户的

邻居作为调查对象，但一定要注明改换样本的原因，以便在数据处理当中采取相应的措施。同时，调查人员发放村级基本情况调查表，了解样本村的基本情况。

4.5.3 调查的主要内容

根据本书的研究目的，为了能够从不同的层次综合全面地获取相关数据及背景材料和相关信息，我们从县、乡、农户的角度出发，设计了调查问卷。

调查问卷包括县、乡的基本情况问卷和农户问卷。其中县、乡的基本情况问卷涉及当地的人口、耕地、财政收支、农民的人均收入、受教育水平以及种植结构等内容。例如，劳动力的情况、村里的民族分部情况、农业生产资料销售部门分布情况、农贸市场、农技推广情况、道路交通条件等相关问题以及农户的居住分散程度等有可能作为工具变量的一些问题。县、乡、村基本情况调查表同时包括了 2001—2007 年的相关内容。调查问卷当中最为重要的是农户问卷。农户问卷主要包括以下五个方面的内容：第一，农户的基本特征，包括户主和家庭成员的详细情况与个人特征、家庭财产情况、农业生产资料情况、住房及耕地情况。第二，农户种植番木瓜的投入产出情况和对病虫害的治理以及农药中毒情况。第三，农户种植转基因番木瓜的技术实际采用情况以及技术信息的来源情况。第四，农户的社会关系结构和特征以及相关的能够描述农户社会关系层次和紧密程度的情况。第五，农户对转基因番木瓜的了解情况以及其他可以作为工具变量的问题。总之，调查问卷基本上能够从不同层面比较完整地反映出样本的实际情况。

按照样本的选择以及调查内容的设计，我们将调查问卷进行了深入细致的核实、筛选、整理，并按照本书的研究目的和内容，对样本县和样本农户的基本情况进行了描述性统计分析。

从表 4.2 中我们可以观测到，样本地区按照其人均国内生产总值（GDP）可以分为 3 个层级，番禺和珠海是广东省的经济较发达地区，其人均 GDP 已经超过 50 000 元，高要和鹤山是经济中等发展地区，其人均 GDP 也超过 20 000 元，而廉江和徐闻是广东省经济发展较落后地区，其人均 GDP 仍然低于 10 000 元。人均 GDP 最高的番禺是人均 GDP 最低的徐闻的 8 倍。按照 GDP、预计财政收入以及农村人口也可以观测到类似的结果。

表 4.2　样本地区基本情况及主要经济指标

样本地区基本情况及主要经济指标	番禺	珠海	高要	廉江	鹤山	徐闻
辖区乡镇个数（个）	10	4	16	18	11	14
行政区土地面积（平方千米）	770.13	1 688	2 196	2 840	1 082.58	1 862.6
总人口（万人）	107.33	142	74.35	159	45.8	69.54
农村人口（万人）	—	17	61.84	114.69	20.88	53.05
农村人口比例（%）	—	12.1	83.17	72.13	45.59	76.29
预计财政收入（亿元）	34.31	60.27	3.73	1.81	4.74	1.29
国内生产总值（亿元）	596.28	749.6	109.97	89.4	102.38	47.7
人均 GDP（元）	56 386	52 317	27 900	7 787	22 963	7 033
农业 GDP（亿元）	62.66	19.68	35.18	42.55	8.8	23.11
农业 GDP 占 GDP 的比例（%）	10.51	2.60	32.00	47.60	8.60	48.45
社会从业人员年平均工资（元）	18 157	21 791	12 494	7 379	16 660	13 682
农民人均纯收入（元/年）	8 861	7 500	5 102	4 486	5 607	5 262

数据来源：根据调查数据整理

数据中农村人口比例也反映了各样本地区经济发展模式的不同，番禺和珠海侧重发展第二产业、第三产业，经济相对发达，因为番禺已经纳入广州市的行政管辖范围，在统计资料上无法查出其农村从事农业生产的人口数量，其农村人口的户口是非农居民户口，实际上也只有少数人从事农业生产。鹤山地处珠三角地区，其工业化发展水平比高要、廉江、徐闻相对更高，因此农村人口也相对较少。高要是全国著名的蔬菜生产基地，其种植业发达，虽然农村人口比例相对较高，但是其发展的是特色农业，农业产值相对较高，比起廉江和徐闻，经济水平也相对较高。廉江和徐闻是广东省的农业县（县级市），也是经济欠发展地区，其经济发展阶段在广东省内属于初级产品生产阶段，仍在寻找属于自己的发展模式，正处于发展的起步阶段。

样本地区的人口规模和行政面积的差异就相对较大，这是因为我们在选样本时，把广州市辖行政区和地方的行政县、县级市等同起来，并且珠海是地级市。我们在试调研中发现珠海的番木瓜种植面积大，而且珠海的番木瓜种植是种植大户的大规模生产，若和广州一样只选取其中的一个区，我们将无法得到足够的样本数量，并且珠海各区的经济发展水平相当，就将其等同于其他样本地区，用普查的方式对其番木瓜种植展开调研。因此，这些原因造成了样本地区的行政面积及人口的差异。

从表 4.2 至 4.4 中，我们可以观察到转基因番木瓜的种植比例与样本地区的经济情况存在着相当大的联系。番禺、珠海和鹤山是属于种植转基因作物比例相对较高的地区，而高要、廉江和徐闻是种植转基因作物比例相对较低的地区。调查发现，番禺、珠海和鹤山转基因番木瓜种植比例相对较高，与番木瓜销售的供求关系有很大关联。广东及国内大多数省份的高档水果型番木瓜（以下简称水果瓜）的市场尚未饱和。对于水果瓜的销售单价，我们在调研中发现，至少是普通型番木瓜（以下简称菜瓜）的 3 倍。菜瓜虽然单产高，但是销售单价相对较低。种植水果瓜和菜瓜的种植户在不发生突发事件的情况下进行比较，虽然水果瓜种植的初始种子投入成本较高，但是收入也相对较高。广东生产的水果瓜的种植品种一般是转基因番木瓜品种，而菜瓜种植品种一般是非转基因番木瓜品种。因此，转基因番木瓜的种植比例相对较高。

此外，关于转基因番木瓜的种植比例的大小，各地也有着不同的实际情况。番禺的生产规模小，果园面积大多在 0.067~0.667 公顷，未能形成标准化、专业化、规模化的生产，但是其所在的广州已形成了国内最大的番木瓜集散地和消费市场，仅以水果瓜统计，每天从江南水果批发市场出货约 3.5 万标准箱（5.5~6.0 千克/箱），全年约 1 260 万箱，其对番木瓜品种的要求多是高档的水果瓜，对果型的大小、重量、果肉的质感都存在相当严格的要求。番禺所在的广州拥有众多的科研机构和高校，包括华南农业大学、广州市果树所、广东省农科院等，它们都对转基因番木瓜进行研究，并开发出属于自己的组培苗或种子苗。番禺自身的种子公司也对转基因番木瓜的组培苗有所研究，拥有自己的种子生产基地，并在农业推广活动中着重推广转基因番木瓜技术，因此其种植比例相当的高。珠海和鹤山的番木瓜种植一般都是大户种植，有很多是我国台湾商人投资种植，其种植规模相对较大，专业化程度高，番木瓜销售也多是以高档型水果瓜销售为主，因此种植转基因番木瓜的比例也相对较高。高要在广东省内种植番木瓜的时间相对较长，历史上主要种植“红妃”品种。我们在调查中发现，“红妃”品种的番木瓜有转基因和非转基因两个系列，农户根据种植习惯一直延续种植下去，因此其种植转基因番木瓜的比例相对稳定。廉江和徐闻的种植户的生产规模小且分散，由于 2007 年香蕉枯萎病的爆发，越来越多的蕉农转向种植番木瓜，地方农业推广部门也着重向农户推广转基因番木瓜的种植，因此其种植比例有显著提高。鹤山转基因番木瓜种植比例下降则是由于个别原因造成的，是其转基因番木瓜种植户在 2006 年遭受假种苗的后续影响。

表 4.3 番木瓜品种及种类的区分

水果瓜	日升	台农	穗黄	穗优 2	穗优 80	夏威夷	香妃	
菜瓜	穗中红	红妃	红育	岭南种	本地菜瓜	益元	益农	红娘

数据来源：根据调查数据整理

表 4.4 转基因番木瓜的种植比例

样本地区番木瓜种植情况	番禺	珠海	高要	廉江	鹤山	徐闻
番木瓜种植面积(公顷)	552	123.3	533.3	166.7	56.7	533.3
番木瓜种植面积占全省比例(%)	13.35	2.98	12.9	4.03	1.37	12.9
2007 年转基因番木瓜种植面积比例(%)	80.9	93.61	55.57	64.17	77.35	68
2007 年非转基因番木瓜种植面积比例(%)	19.1	6.39	44.43	35.83	22.65	32
2006 年转基因番木瓜种植面积比例(%)	67.8	91.14	55.72	55.76	85.46	55.23
2006 年非转基因番木瓜种植面积比例(%)	32.2	8.86	44.28	44.24	14.54	44.77

数据来源：根据调查数据整理

表 4.5 样本地区 2007 年番木瓜具体种类及比例 单位:%

地区	番禺		珠海		高要		鹤山		廉江		徐闻	
年份	2007	2006	2007	2006	2007	2006	2007	2006	2007	2006	2007	2006
抗病日升			17.51	51.07			7	0.43			1.5	0.71
不抗病日升			4.99	8.66			2.18					
台农			8.73	35.24			1.56	1.73		0.93	0.6	0.71
台农一号							1.24	1.73		1.85		
台农二号			0.47				17.61	27.84	1.53	2.79	59.9	48.04
台农六号							1.55					
穗黄	64.18	49.5			1.5	1.61						
穗优 2	8.96	8.94	2.52	1.44							1.5	1.92
穗优 80			0.9	3.17								
夏威夷			63.26				1.87	2.16				
红铃(抗病)											3	2.93
穗中红	9.85	10.14			13.1	10.54					32	42.18
红妃(抗病)	7.76	8.95	0.23	0.21	53.41	54.12	43.25	44.45	62.63	50.19		
红妃(不抗病)	6.99	18.1	0.1	0.21	21.42	27.71	18.92	14.54	35.84	44.24		
红育												0.23

表4.5(续)

地区	番禺		珠海		高要		鹤山		廉江		徐闻	
年份	2007	2006	2007	2006	2007	2006	2007	2006	2007	2006	2007	2006
香妃							4.82	7.12				
岭南种	0.47	0.3										
本地菜瓜	1.79	1.59	0.12		6.83	6.02						
益元												
益农		2.48									1.5	
红娘					0.75							2.34
杂优					0.94							0.94
杂交					1.4							
抗优					0.65							
海南红												
第308			1.17									

数据来源:根据调查数据整理

4.5.4 番木瓜种植户的基本情况

我们根据农户问卷调查数据对样本农户的家庭基本特征、经济和生产资源禀赋、种植业生产结构、水产养殖业以及社会关系网络的基本情况进行了描述性统计分析。

从表4.6和表4.7可以看出，农户的基本特征中，番木瓜种植户的户主年龄偏高，平均值约在49.5岁，而受教育水平仅约8年，还没有达到了初中毕业的水平，总体上偏低。从总体水平上看，家庭劳动力占家庭总人口的比例为81.73%，其中劳动力当中的非农劳动力占到家庭总人口的58.5%。各样本地区之间在家庭劳动力占家庭总人口的比例相差不大，基本上在80%左右。非农劳动力占家庭总人口的比例在各地区之间的差别较大：非农劳动力比例最高的是廉江，约为65.48%；其次是为鹤山62.41%，高要为59.2%，番禺为57.7%，珠海为52.6%，最低的是徐闻的48.44%。这主要是由于廉江人均耕地少且农业生产条件较差，大多数农村劳动力都外出打工，大量的农民从事非农就业。鹤山是因为当地第二产业、第三产业相对发达，对于劳动力需求相对较大，因此非农劳动力比例相对较高。番禺、珠海则是因为经济相对发达，农村家庭成员除户主及其妻子从事农业劳动外，子女一般从事其他工作，其非劳动力比例较低。笔者认为，高要的农村非农劳动力比例过低的原因则是样本农户的刻意隐瞒，在调研中农户一般都选择对家庭情况有所隐瞒，另外谈论家庭隐私属于当地忌讳，易引起农户不快，调研中这部分数据相对不太准确。徐闻由于人均耕地面积较大（达到0.57公顷），大部分农村劳动力仍主要从事农业生产。

表4.6　样本地区农户基本特征变量的描述分析

变量名	观测值	平均值	标准差	最小值	最大值
户主年龄（岁）	238	49.47	8.87	31	82
户主受教育水平（年）	238	8.02	2.97	0	17
家庭人口（人）	238	5.09	1.62	1	11
劳动力人口（人）	238	4.16	1.37	1	8
非劳动力人口（人）	238	2.98	1.53	0	6
总财产（元）	238	103 386	13 930.4	5 200	902 100
人均财产（元）	238	23 194.8	32 839.61	1 166.667	200 000
总耕地面积（公顷）	238	1.04	1.67	0.05	13.33
人均耕地面积（公顷）	238	0.27	0.92	0.01	13.33

数据来源：根据调查数据整理

表4.7　样本地区农户的基本特征

变量名	番禺	高要	鹤山	廉江	徐闻	珠海
户主年龄（岁）	49.11	50.13	48.44	52.45	48.72	48
户主受教育水平（年）	7.17	7.3	7.8	8.65	7.41	9.02
家庭人口（人）	4.26	5	5.48	5.88	5.45	4.62
劳动力人口（人）	3.63	4.25	4.24	4.53	4.21	4.03
非劳动力人口（人）	2.46	2.96	3.42	3.85	2.64	2.43
总财产（万元）	13.01	9.62	9.85	5.53	10.22	14.29
人均财产（万元）	4.00	2.25	1.912	0.99	1.87	2.89
总耕地面积（公顷）	0.93	0.73	0.91	0.36	1.28	2.05
人均耕地面积（公顷）	0.23	0.16	0.18	0.07	0.57	0.45

数据来源：根据调查数据整理

表4.8和表4.9表明了6个样本地区各自的样本农户的种植业生产规模和结构，地区间种植结构存在着明显的差别。从总体上看，水果的种植面积最大，其种植面积达到0.56公顷，这与广东的水果种植业发达的实际情况相吻合。我们在调查中发现，经济作物的种植比例也相对较高，高要的经济作物生

产在全国是很出名的，其经济作物生产发达，这点在表 4.9 中得到充分反映。粮食作物种植面积占农作物播种总面积比例相对比较低，而且在珠海的调研中，我们没有发现粮食作物的种植户。

表 4.8　农户种植结构的描述性分析　　单位：公顷

变量名	观测值	平均值	标准差	最小值	最大值
农作物播种总面积	238	1.036	1.670	0.053	13.333
粮食作物播种面积	238	0.213	0.454	0	3.067
经济作物播种面积	238	0.436	1.849	0	27.407
果园面积	238	0.563	1.459	0	13.333
鱼塘面积	238	0.025	0.189	0	2
其他作物种植面积	238	0.003	0.027	0	0.4

数据来源：根据调查数据整理

表 4.9　不同样本地区平均每户种植规模情况　　单位：公顷

变量名	番禺	高要	鹤山	廉江	徐闻	珠海
农作物播种总面积	0.933	0.734	0.907	0.365	1.281	2.031
粮食作物播种面积	0.107	0.585	0.400	0.057	0.078	0.000
经济作物播种面积	0.456	1.177	0.324	0.073	0.351	0.244
果园面积	0.518	0.144	0.401	0.235	0.847	1.274
鱼塘面积	0.011	0.005	0.056	0.004	0	0.065
其他作物种植面积	0.006	0	0	0.010	0	0.001

数据来源：根据调查数据整理

4.6　农户社会关系与农民新技术采用

农户是农村居民生活和开展生产活动的基本单位，农户根据其自身的生产目标和技术需求，通过各种渠道去获取、了解、学习和掌握农业技术，并结合其农业生产资源禀赋条件做出是否采用技术的决策。农户之间日常的信息交流和沟通行为，形成各具特点的社会关系网络群体，包括由血缘关系形成的亲戚群体，在长期的生产生活过程中的相互交往形成的朋友群体，由于共同的经济利益形成的协会组织等团体以及由其他的关系形成的一些非正式组织。各群体形成的组织机制和目的不同以及交流深度相异，对群体内的农户个体行为产生不同程度影响。

农户采用技术的过程大致可以分为认识阶段、兴趣阶段、评价阶段和采用阶段四个阶段，农民获得各种技术信息的渠道具有不同的特点和功能，对于农户技术采用过程中的不同阶段的影响和作用也不同。大众传播方式主要是传播技术信息，加深农民对技术的认识，而农户之间的相互学习和交流及农业技术推广部门的推广工作，对于农户的技术采用决策起到导向作用。

4.6.1 农户新品种技术信息来源渠道

新品种技术是农户最为关注和最需要的农业生产技术。为适应市场经济的需求，我国自 20 世纪 80 年代中期以来便开始将种子经营与种子管理职能分开（胡瑞法，1998），种子生产和销售的市场化程度逐渐增高，加之随着农村社会经济条件的不断发展和农村交通、通信、公共服务以及农业技术推广的多元化，农民获取新品种技术信息的渠道呈现出多元化、复杂化的趋势。

基于样本地区的调查，农户转基因番木瓜种苗信息来源如图 4.2 所示。主要来源是本村非亲友（村民），其比例高达 25.16%；其次来源于本村亲友，其比例是 23.87%；再次是农技推广部门，其比例是 11.61%。外村亲友的比例是 9.68%，种苗公司的比例是 5.81%，小商小贩、报纸杂志以及自己的经验的比例都是 3.23%；农技推广部门农资店的比例是 0.65%；其他的比例占到 13.55%。由此可见，农户转基因番木瓜种苗信息主要来源于亲戚朋友，其比例占到 58.71%，科研单位及种苗公司也是转基因番木瓜种苗信息的较大来源之一，合计比例达到 18.07%，而其他信息来源的相对比较杂乱，虽然比例较高，却不是主要来源。

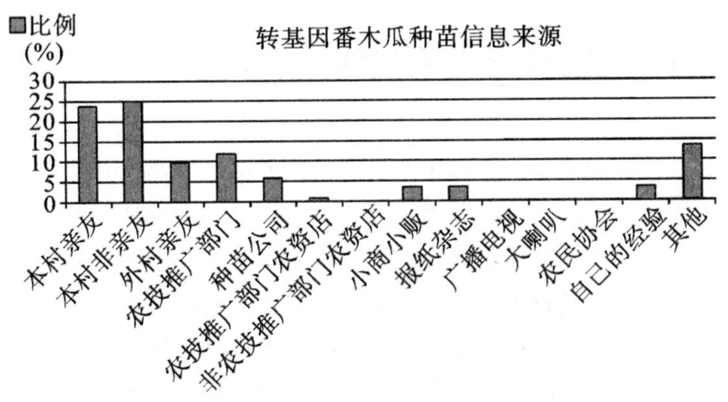

图 4.2 转基因番木瓜种苗信息来源

数据来源：根据调查数据整理

表4.10反映了样本地区转基因番木瓜种苗信息来源的可靠渠道。

表4.10 样本地区具体转基因番木瓜种苗来源

	番禺		高要		鹤山		廉江		徐闻		珠海	
	户数（户）	比例（%）	户数（户）	比例（%）	户数（户）	比例（%）	户数（户）	比例（%）	户数（户）	比例（%）	户数（户）	比例（%）
本村亲友	5	20.83	5	26.32	9	28.13	5	20	4	19.05	9	26.47
本村非亲友	4	16.67	6	31.58	7	21.88	9	36	5	23.81	8	23.53
外村亲友	2	8.33	2	10.53	2	6.25	3	12	1	4.76	5	14.71
农技推广部门	7	29.17	3	15.79	1	3.13	2	8	2	9.52	3	8.82
种苗公司	1	4.17	3	15.79	1	3.13	1	4	0	0.00	3	8.82
农技推广部门农资店	0	0.00		0.00	0	0.00	0	0	0	0.00	1	2.94
私营农资店	0	0.00		0.00	0	0.00	0	0	0	0.00	0	0.00
小商小贩	0	0.00		0.00	2	6.25	1	4	1	4.76	1	2.94
报纸杂志	0	0.00		0.00	3	9.38	2	8	0	0.00	0	0.00
广播电视	0	0.00		0.00	0	0.00	0	0	0	0.00	0	0.00
大喇叭	0	0.00		0.00	0	0.00	0	0	0	0.00	0	0.00
农民协会	0	0.00		0.00	0	0.00	0	0	0	0.00	0	0.00
自己的经验	1	4.17		0.00	0	0.00	0	0	4	19.05	0	0.00
其他	4	16.67		0.00	7	21.88	2	8	4	19.05	4	11.76
合计	24	100	19	100	32	100	25	100	21	100	34	100

数据来源：根据调查数据整理

在番禺的调查中，有24户转基因番木瓜的种植户，其转基因番木瓜种苗信息29.17%来自农技推广部门，4.17%来源于种苗公司，来源于村内外亲戚朋友的比例合计高达45.83%。这些数据不仅体现了番禺农技推广体系在转基因番木瓜技术扩散中发挥着重要的作用，也反映番禺具有完善的农技推广体系，其通过发挥在本区域范围内的公益性农业技术推广职能，在农户中开展农业技术培训，组织和实施新技术、新品种的引进、示范与推广等活动，引导农户新技术的加速采用。我们在调查中发现，番禺农技推广中心所做的这些工作在样本地区中是最好的。这也体现了社会关系对新技术扩散的重要影响作用。

高要有超过31%的农户的种苗信息来源于本村的非亲友，村民间相互交流是信息的最大来源；来源于村内外亲友的比例达36.85%，也显示出社会关系对新技术推广的重要影响。农技推广部门和种苗公司的比例都是15.79%，反映出高要农技推广部门对农户技术的采用有着不可忽视的影响，而且种苗公司对当地转基因番木瓜技术的采用的影响作用不可忽视。

鹤山、廉江、徐闻和珠海的农户转基因番木瓜种苗信息来源中，本村亲友、本村非亲友是信息的主要来源，比例合计分别是50.01%、56%、42.86%和50%，即本村亲戚朋友是种苗信息的主要来源，表明农户之间小范围的相互交流和学习对于转基因番木瓜信息的传播和扩散起到十分重要的作用。加上外村亲友，合计比例最低的是徐闻的47.62%，进一步体现出农户社会关系在新技术推广中的重要性。在各地区，农技推广部门和种苗公司也有一定的影响，但是影响相对较弱。此外，小商小贩在这四个样本地区对转基因番木瓜技术的推广也有一定的作用。在鹤山和廉江，报纸杂志对转基因番木瓜技术的推广也有一定的作用。

由此可见，村内外亲友和非亲友、种子公司以及农技推广部门是农户获取品种信息的主要渠道。种子公司、农技推广部门这两个渠道由于受到当地的种子市场的发达程度以及农技推广部门的管理体制、运行机制和职能等因素的影响，呈现出地域性差异。处于同一个村的农户之间由于其生产条件的同质性，社会关系网络群体成员之间的相互交流与学习形成了一个十分畅通高效的农作物品种信息来源渠道。通过这个渠道，农户不仅可以获得可靠的品种信息，而且更重要的是农户自身的新品种试验和观察群体内其他人的品种试验会对农户的技术采用行为产生十分重要的影响。农户的社会关系在农户采用技术过程的各个阶段都会起作用，但在农户对于新品种技术采用的兴趣阶段和评价阶段的作用最大。因为这两个阶段农户之间通过双向沟通和直接接触，不断更新对于品种技术参数的认识程度，所以对于品种技术采用的决策行为起到导向性的决定作用。农户本村亲友的规模、交往程度、信息沟通交流等都会直接影响到农户品种技术的采用行为。

4.6.2 农户社会关系网络的结构与群体规模

社会关系网络群体具有明显的地域性特点，大多数农户因血缘关系形成的亲族关系群体主要分布在同一个县的范围内，而以生产生活关系形成的朋友关系群体主要分布在同一个村。从关系的紧密程度看，亲戚和朋友是最为紧密的关系群体，对于成员之间行为的影响程度也是最大的。

目前我国基层农村的基础行政单元是行政村，在每个行政村根据农户的聚居地下设不同的村民小组，同一个行政村在农业生产条件、社会经济条件以及资源等方面具有同质性。本书按照血缘关系和农户在日常生产生活交往过程当中形成的朋友关系两个群体，根据地域层次，分别从农户所在的本村的亲戚、本乡外村亲戚、本县外乡亲戚、本省外县亲戚、外省亲戚五个层次，对样本农户的亲戚户数和朋友户数进行了调查，农户的亲戚是确定在除了户主的父母以外的三代以内的有血缘关系的直系和旁系亲属；朋友则是根据与农户在红白喜事和逢年过节相互之间有交往以及农业生产上有相互协作关系的农户确定。

图 4.3 反映了样本地区的农户社会关系结构的分布情况。朋友的比例为 73.5%，本村亲戚的比例为 15.09%，农户的朋友关系群体规模远大于亲戚关系群体规模。由调查结果可知，农户的朋友绝大多数分布在同一个行政村内，本村以外的朋友则相对较少，即使有也大多在本县范围内。农户亲戚关系主要是在同一个县的范围内分布，本乡外村的亲戚比例为 6.23%，本县外乡的亲戚比例为 1.79%。本村亲戚朋友的比例为 88.59%，本县亲戚朋友的比例高达 96.61%，同县的亲戚朋友占据了农户社会关系网络群体的绝大多数。

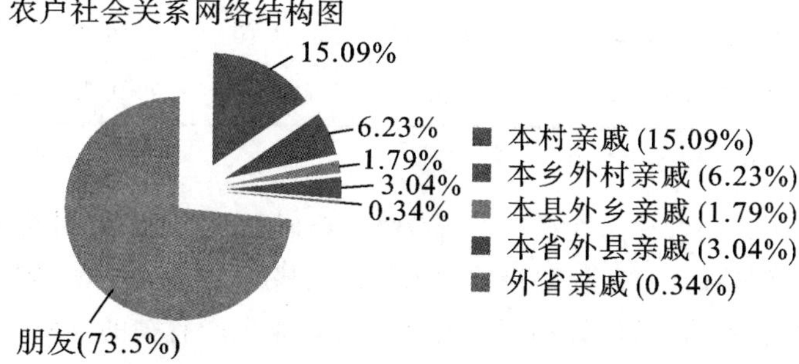

图 4.3 样本地区农户社会关系结构图

数据来源：根据调查数据整理

表 4.11 表明了样本地区农户社会关系情况：样本地区农户亲友群体规模的差异相对较大，从平均水平看，番禺农户的亲友规模最大，亲友总数平均值为 81.37 人；鹤山、徐闻亲友总数平均值差不多相同，为 75 人左右；高要、廉江的亲友数相对较少，分别为 70.93 人和 66.21 人；样本地区中珠海农户的亲友数最少，只有 59.77 人。

番禺农户的亲友数偏高，与其经济收入水平及当地习俗有很大关系。番禺农户生活水平相对较高，当地农户在红白喜事时，习惯请整村的人做客，有人甚至还要请隔壁几个村的人一起参与，因而我们在调研中发现其朋友人数较多。珠海的农户的本县亲友数偏少，这与外来迁入人口偏多有一定关系，调查样本中外来户人口比例超过 92%，因此其外县亲戚数量是最大的。同时，样本地区的农户的亲戚和朋友规模差别很大，样本地区的农户的朋友群体规模明显大于亲戚的规模。例如，农户数量最多的番禺的样本农户朋友平均数为62.2人，本村亲戚平均数为13.69人；农户数量最少的珠海的样本农户朋友平均数为40.26人，本村亲戚平均数为6.92人。各地农户的亲友关系主要集中在本村的范围内，比例最低的珠海的本村亲友的平均规模都占到亲友总数的80%左右，番禺和廉江的这一比例则高达90%以上。

表 4.11 样本地区农户社会关系表 单位：人

地区	本村亲戚	本乡外村亲戚	本县外乡亲戚	本省外县亲戚	外省亲戚	朋友	合计
番禺	13.69	3.94	1.31	0.23	0.00	62.20	81.37
高要	13.18	2.63	0.60	0.45	0.00	54.08	70.93
鹤山	11.22	6.00	0.62	0.89	0.09	58.09	76.91
廉江	9.45	6.43	2.58	0.35	0.30	47.10	66.21
徐闻	10.56	6.92	2.31	0.28	0.36	54.18	74.62
珠海	6.92	0.56	0.36	10.95	0.72	40.26	59.77

数据来源：根据调查数据整理

由此可见，与农户居住在一个行政村的亲戚和朋友是农户社会关系网络当中规模最大的群体。行政村是目前我国农村最基层的行政单元，同一个行政村的自然、社会、经济条件等相同，尤其是与农业生产有关的气候、土地质量、地形、降雨、灌溉等条件以及交通条件等具有很强的同质性。各级政府的各项政策包括技术推广、农业信贷、税费改革、选举等都是以行政村为单位进行的，加之同村的农户之间血缘关系、经济、生产生活以及宗教、社会团体等方面频繁的相互交往，这些都决定了在同一个行政村内农户的亲友是一个关系最为稳固、可靠和信息交流与沟通最多的社会关系群体。因此，同一个行政村的农户的亲友行为对于农户行为会产生十分显著的影响。

农户从其社会关系网络成员当中获取农业生产技术信息、交流和学习农业生产技术的数量和程度，取决于其社会关系网络群体的规模、农户自身的一些特征、农户居住的村与农户相互交流的便利条件以及当地的自然资源、社会经济条件和文化、政策等因素。本书分别从农户本村亲友的群体规模、农户特征、村级因素和地区差别对影响农户从其本村亲友当中获取和学习转基因番木瓜技术进行分析。

4.6.3 农户社会关系网络群体规模

在一个社会关系网络群体中，个体在相同的交流和沟通条件下，如果群体的规模越大，成员之间的信息交流和沟通就会越频繁，成员从其他成员那里获取的信息量就越大，从而成员行为间的相互影响也就越大。同理，农户在同村的亲友关系群体的规模会对农户获取的农业技术信息的数量和对技术投入参数的了解程度产生影响。根据前面分析本村亲友是农户获取新品种信息的主要渠道之一，在近乎相同的生产条件下，农户本村亲友的规模大小决定了农户从其亲友那里获取的品种技术信息量和某个品种投入产出技术参数的准确程度，那么农户知道采用这个品种的亲友数量越多，对于该品种技术信息的投入产出参数了解就会越多、越准确。

表 4.12 表明农户采用转基因番木瓜技术的亲友数对农户转基因番木瓜技术的采用有显著的影响。在此前提下，我们针对样本农户采用的转基因番木瓜技术调查该农户的本村亲友有多少人也采用转基因番木瓜技术，依此对农户本村亲友规模与农户对品种技术参数信息掌握程度之间的关系进行分析。

我们对种植转基因番木瓜的农户按照本村亲友数量从少到多进行排序，可以发现总体上样本地区本村亲友的规模与采用转基因番木瓜技术的本村亲友数量呈正相关关系，而且变化的趋势相同，随着本村亲友规模的增加，农户采用转基因番木瓜技术的本村亲友数量也随之增加。但是，农户本村亲友规模的增长速度与种转基因番木瓜的本村亲友数量的增长速度是不同比例的，随着农户本村亲友规模的增大，采用转基因番木瓜技术的本村亲友数量的增长率递减。

我们把样本地区转基因番木瓜农户按照其本村亲友数等距分成 5 组，从 1 组到 5 组亲友数依次增多（如表 4.13 所示）。各样本地区的情况也可得出上述结论。

这一方面说明农户亲友群体规模越大，该群体中采用转基因番木瓜技术的农户数量就越多；另一方面也说明农户本村亲友规模越大，能够使农户从越多的亲友那里获取有关转基因番木瓜技术的信息，同时也可以观测到越多的亲友采用转基因番木瓜技术的试验，从而掌握更多的关于该技术投入产出参数的信息。

表 4.12　社会关系群体规模与转基因番木瓜技术采用的情况

		样本数（户）	亲友数（人）	本村亲友数（人）
总体	采用	128	64.52	23.20
	不采用	110	62.12	7.76
番禺	采用	23	79.87	16.43
	不采用	12	68.25	6.42
高要	采用	19	75.21	28.68
	不采用	21	60.05	6.00
鹤山	采用	32	75.44	25.00
	不采用	13	54.23	5.62
廉江	采用	12	40.33	14.67
	不采用	28	63.50	10.18
徐闻	采用	11	62.82	24.18
	不采用	28	65.50	7.96
珠海	采用	31	45.29	16.29
	不采用	8	54.50	8.75

数据来源：根据调查数据整理

表 4.13　样本地区农户亲友数与采用转基因番木瓜技术本村亲友数情况

地区	番禺		高要		鹤山		廉江		徐闻		珠海	
合计	23		19		32		12		11		31	
组别	采用亲友数	亲友数	采用亲友数	亲友数	采用亲友数	亲友数	采用亲友数	亲友数	采用亲友数	亲友数	采用亲友数	亲友数
1	0	0	8.0	23.0	9.0	21.8	8.6	22.8	12.5	21.5	7.1	18.9
2	21.3	35.3	14.5	39.5	15.3	36.3	18.3	37.3	16.0	33.0	13.0	34.0
3	22.7	49.6	26.8	46.8	27.5	55.0	19.3	49.3	20.0	50.0	21.5	45.0
4	29.2	76.2	28.8	69.2	26.8	83.6	20.0	110.	34.5	85.0	33.8	92.0
5	38.6	125.4	38.3	124.5	36.6	139.1	0	0	44.0	148.0	36.5	147.5

数据来源：根据调查数据整理

4.6.4　农户基本特征

影响农户从其本村亲友那里了解和学习关于品种信息的农户特征因素主要

包括户主年龄、户主性别、户主受教育水平、责任田和承包田的面积、户主是否是村干部等因素。我们采用样本等距划分统计计方法对户主的年龄、家庭财产和耕地面积进行分析，而户主受教育水平则是按照小学及以下、初中、高中及以上分成三个等级。表 4. 14 和表 4. 15 对农户资源禀赋和其他特征进行了描述性分析，表 4. 16 对影响农户获知采用转基因番木瓜技术的本村亲友数量的农户特征进行了描述性分析。

第一，户主性别。农户的生产决策通常都是由户主做出的，农作物品种的采用也是如此。因此，户主会主动地通过各种渠道去学习和了解有关农作物品种的信息，而且户主与亲友的交往多，其向本村亲友获取和学习的农业技术就多。目前农村大多数的农户户主是男性，在我们调查的样本地区中超过 97%的农户户主是男性，因此农户特征对于农户技术采用行为的影响中户主性别的影响在农村地区可能不明显。

第二，户主年龄。表 4. 14 表明种植转基因番木瓜的农户和不种植转基因番木瓜的农户的户主年龄基本相等。从整体上看，户主年龄对转基因番木瓜技术的采用基本上没有影响。从表 4. 15 可以看出，户主的年龄对转基因番木瓜技术的采用有明显的地区差异，高要采用转基因番木瓜技术的农户户主年龄比不采用的大 6. 28 年，徐闻的这一数据约为 4 年，珠海的这一数据约为 1. 5 年，而番禺、鹤山、廉江则相反，即种转基因番木瓜的农户户主年龄比不种的更年轻，年龄差距分别是 0. 84 年，3. 06 年和 4. 33 年。高要和徐闻采用转基因番木瓜技术的农户户主年龄相对较大，笔者认为这是由于高要的番木瓜种植历史相对较久，年纪大的农户拥有相对更多的种植经验；徐闻多是外来农户的大规模种植，其户主年龄比当地人相对更大。鹤山和廉江的户主年龄相对年轻，是由于鹤山的农户户主年龄在 49 岁左右，户主年龄小的农户不必过多考虑劳动力的问题，更多关注新品种等农业技术带来的农业产出和收入的增加而积极采用新的农作物品种；廉江是由于经济不发达，农村剩余劳动力没有得到较好的转移，年龄较小的劳动力不得不从事农业生产造成的。番禺和珠海的农户户主年龄差距不大，是因为这两个地方的经济发展水平相对较高，农村剩余劳动力得到较好转移。虽然户主年龄在不同地区对于农户转基因番木瓜技术采用的影响有所差别，但从整体上看不会有显著的影响。就当前农村的实际情况而言，农户家庭当中包括户主在内的年龄较小的家庭成员大部分在外打工从事非农就业，年龄较大的家庭成员则主要从事农业生产。年龄较大的农民经过长期的农业生产实践，积累了许多农业生产经验和技能，与其他农户和亲友间相互交流得更多，从亲友那里了解到更多的品种信息。

第三，户主受教育水平。大量有关技术采用的实证研究都表明农户受教育水平与农户的技术采用行为是呈正相关关系的。目前的大多数农户的生产决策和新品种采用等的技术采用决策都是由户主来决定的，因此户主受教育水平会对农户新品种技术的采用产生正向影响。从表 4. 14 可以看出，采用转基因番木瓜技术的农户受教育水平比不采用的农户高。通过表 4. 15 的进一步分析，我们可以看到除了廉江外，其他样本地区种植转基因番木瓜农户的户主受教育水平都比未采用转基因技术的农户受教育水平高。可能是廉江的农业生产条件差、人均耕地面积少以及转基因番木瓜等农业技术对于农户的增收潜力影响而形成的结果。随着户主受教育水平的提高，农户对于新技术、新品种的学习和了解的欲望与能力增强，户主受教育水平越高，从其本村亲友那里学习和掌握的品种信息越多。

第四，耕地面积。农户耕地面积的大小反映了农户的生产规模，一般情况下，农户的生产规模对于农户的技术采用有正向的影响，即生产规模大的农户对于新品种等高产优质技术采用的概率大于规模小的农户。表 4. 14 和表 4. 15 表明了采用转基因番木瓜技术的农户的耕地面积大于不采用的农户的耕地面积，番禺、鹤山、徐闻和珠海采用转基因番木瓜技术的农户比不采用的农户的耕地面积至少多 0. 52 公顷。高要的种植业发达，且每年需要重新标地，种转基因番木瓜和不种转基因番木瓜的农户的耕地面积差距不大。廉江因为人多地少，人均耕地面积少，所以两者的差距较小。此外，耕地面积反映了农户的土地资源禀赋条件，农户的耕地面积影响到农户对于农作物品种的需求和关注程度，进而影响到农户从其亲友那里获取和学习品种信息的程度。从表 4. 16 的分析看出，随着农户耕地面积的增加，种转基因番木瓜的农户知道与其采用相同转基因番木瓜技术的本村亲友数量变化不明显。

第五，家庭财产。家庭财产状况好的农户有较强的承受风险的能力，更愿意尝试新技术和采用新品种，对新技术的采用有显著的影响（见表 4. 14）。对表 4. 15 的进一步分析可以看出，样本地区间的差别明显，除廉江外，样本地区采用转基因番木瓜技术的农户的平均家庭财产高于不采用的农户，高要、鹤山采用转基因番木瓜技术的农户的平均家庭财产比不采用的农户多 7 万多元，徐闻采用转基因番木瓜技术的农户的平均家庭财产比不采用转基因番木瓜技术的农户多 1. 65 万元。番禺、珠海的经济相对发达，农民收入水平较高，家庭财产状况普遍良好，这使得采用转基因番木瓜技术的农户和不采用转基因番木瓜技术的农户差距不大。廉江由于其经济发展相对落后，转基因番木瓜等农业技术对于农户的增收潜力影响小，种植转基因番木瓜的农户收入水平相对更低。随着户主年龄的增高，农户家庭财产水平对于新技术、新品种的学习和了解的欲望与能力越强，户主的家庭财产水平和从其本村亲友那里学习与掌握的品种信息越多。表 4. 16 清楚地反映了随着农户家庭财产的增加，种植转基因番木瓜的农户认识同时采用该技术的亲友数也在明显增加。

第六，户主是否为村干部。由于村干部身份和行政工作等方面的原因，其比其他村民接触到更多的新技术信息，对农业新技术更加了解。但是，表 4. 14 表明，从整体上看，村干部的身份对转基因技术的采用影响并不明显。

表 4. 14　影响农户转基因番木瓜技术采用的农户资源禀赋和其他特征因素

	采用	不采用
户主年龄（岁）	49. 36	49. 6
受教育水平（年）	8. 19	7. 83
耕地面积（公顷）	1. 33	0. 73
家庭财产（万元）	13. 03	8. 98
是否担任村干部	0. 21	0. 19
样本（户）	128	110
样本合计（户）	238	

数据来源：根据调查数据整理

表 4. 15　分地域影响农户转基因番木瓜技术采用的农户资源禀赋和其他特征因素

	番禺		高要		鹤山		廉江		徐闻		珠海	
	采用	不采用	采用	不采用	采用	不采用	采用	不采用	采用	不采用	采用	不采用
户主年龄（年）	48. 83	49. 67	53. 42	47. 14	47. 56	50. 62	49. 42	53. 75	51. 55	47. 61	48. 32	46. 75
受教育水平（年）	7. 43	6. 67	7. 53	7. 10	8. 59	5. 85	7. 83	9. 00	7. 64	7. 32	9. 06	8. 88
耕地面积（公顷）	1. 11	0. 59	0. 80	0. 68	1. 06	0. 52	0. 39	0. 35	1. 83	1. 07	2. 17	1. 58
家庭财产（万元）	16. 49	16. 23	14. 73	6. 48	12. 07	4. 94	5. 17	7. 09	11. 39	9. 74	15. 04	14. 27
村干部（1=是,0=否）	0. 04	0	0. 37	0. 19	0. 31	0	0. 27	0. 32	0. 27	0. 18	0. 23	0. 38
样本（户）	23	12	19	21	32	13	12	28	11	28	31	8

数据来源：根据调查数据整理

表 4.16　影响农户获知采用转基因番木瓜技术的本村亲友数量的农户特征

		样本比例（%）	采用转基因番木瓜技术亲友数(人)
户主年龄	A	32.03	22.73
	B	51.56	23.85
	C	16.41	22.10
受教育水平	小学及以下	29.69	24.42
	初中	48.44	21.52
	高中及以上	21.88	25.29
耕地面积	D	15.63	24.60
	E	33.59	22.44
	F	50.78	23.28
家庭财产	G	46.88	20.93
	H	28.13	23.89
	I	25.00	26.69
村干部	是	21.09	27.04
	否	78.91	22.18

注：1. 户主年龄（岁）分组：A≤45，45<B≤57，C>57

2. 耕地面积（公顷）分组：D≤5，5<E≤10，F>10

3. 家庭财产（万元）分组：G≤6，6<H≤15，I>15

数据来源：根据调查数据整理

此外，村干部与包括本村亲友在内的农户之间相互交流和沟通较多，因而会从更多的本村亲友那里了解和学习关于品种的技术信息。从表 4.16 可以看出，在种植转基因番木瓜的农户当中，户主是村干部的农户知道本村亲友当中采用转基因番木瓜技术的亲友数量多于户主不是村干部的农户知道本村亲友当中采用转基因番木瓜技术的亲友数量。

4.7　村级影响因素

农户所处的地区和村在自然资源、生产条件、市场以及经济社会条件等方面的差异，造成了农户之间相互交流和沟通条件的不同，从而影响农户之间相互学习和了解农业生产技术信息的程度。同时，农业技术推广部门的工作情况也会影响农户之间相互学习和了解农业生产技术信息的程度。本书选取了农户走完最近20户邻居需要的时间、本村是否有农民专业技术协会、农业技术推广部门是否在本村举办过转基因番木瓜技术培训班，作为影响农户之间学习和交流农作物品种信息的村级特征。

第一，走完最近20户邻居需要的时间。我们用走完离农户家最近的20户邻居所需的时间来衡量农户居住的密集程度，通过对表4.17和表4.19反映的农户的总体情况和表4.18反映的不同地区的情况进行分析，我们发现采用转基因番木瓜技术的农户走完最近的20户邻居需要的时间均明显少于没有采用的农户。这说明农户居住的密集程度对农户之间相互交往有明显的影响，农户往往与居住较近的亲友交往密切，尤其是周围的邻居和朋友之间在生产上互相协作，在生活上相互帮助，加深了邻居和亲友之间的相互信任与了解，更主要的是相互之间的信息交流、沟通以及农业技术的相互学习更为频繁，从而显著影响农户技术采用行为。

表4.17 影响转基因番木瓜技术采用的村级特征

	采用	不采用
走完最近20户邻居需要的时间（分钟）	16.55	18.12
到最近小卖部距离（千米）	0.31	0.45
农民专业技术协会（1=有，0=无）	0.05	0.01
举办转基因番木瓜技术培训班（1=有，0=无）	0.27	0.06
样本数（户）	128	110

数据来源：根据调查数据整理

表4.18 不同地区影响转基因番木瓜技术采用的村级特征

	番禺		高要		鹤山		廉江		徐闻		珠海	
	采用	不采用	采用	不采用	采用	不采用	采用	不采用	采用	不采用	采用	不采用
走完最近20户邻居需要的时间（分钟）	9.91	10.67	17.11	17.62	14.00	18.46	17.50	23.61	17.33	17.76	15.32	20.00
到最近小卖部距离（千米）	0.24	0.52	0.40	0.81	0.27	0.65	0.34	0.35	0.14	0.19	0.18	0.72
农民专业技术协会	0	0	0.11	0	0.09	0	0	0	0	0	0.13	0.6
举办转基因番木瓜技术培训	0.22	0	0.42	0.14	0.22	0	0.17	0	0.18	0.07	0.35	0.50

数据来源：根据调查数据整理

表 4.19　影响农户获知采用转基因番木瓜技术的本村亲友数量的村级因素

		样本比例(%)	采用转基因番木瓜技术亲友数(人)
走完最近 20 户邻居需要的时间	A	46.88	24.73
	B	32.03	20.10
	C	21.09	24.52
到最近小卖部距离	D	67.19	23.05
	E	23.44	22.80
	F	9.38	25.33
农民专业技术协会	有	5.47	33.57
	无	94.53	22.60
举办转基因番木瓜技术培训	有	25.78	22.18
	无	74.22	23.56

注：1. 走完最近 20 户邻居需要的时间（分钟）分组：A≤10，10<B≤20，C>20

2. 到最近小卖部距离（千米）分组：D≤0.5，0.5<E≤1，F>1

数据来源：根据调查数据整理

第二，农村中的小卖部往往位于村内农户居住较为集中，离公路、村委会等较近的位置，小卖部的作用不仅仅是为当地农户提供了购买生活消费品的便利，同时也是包括农业技术信息在内的各种信息的集散地和交流场所，离小卖部越近的农户获取的信息越多，越能够获取到较新的农业技术信息。如表 4.17 和表 4.18 所示，采用转基因番木瓜技术的农户到最近的小卖部的距离明显小于没有采用的农户。如表 4.19 所示，到最近的小卖部的距离的远近对种植转基因番木瓜的农户知道其本村亲友中采用转基因番木瓜技术的亲友数量没有明显的影响。

第三，农民专业技术协会。农民专业技术协会是专门为当地农户提供农业生产的产前、产中、产后的农业生产资料的提供，农业生产技术以及农产品的销售和市场信息服务的农民合作组织。协会内部的成员之间形成一个利益共同体，相互分享农业生产技术和农产品市场等信息，生产过程当中相互协作。农民专业技术协会对于农业生产技术的扩散和传播不仅仅局限于协会内部成员之间，更重要的是协会的每个成员对各自的社会关系网络成员具有技术的扩散和传播作用。表 4.17 和表 4.18 表明，农民专业技术协会的存在对转基因番木瓜技术的采用影响不显著，在番禺、廉江和徐闻根本没有影响。表 4.19 表明，村里有农民专业技术协会，种转基因番木瓜的农户知道其本村亲友中采用转基因番木瓜技术的亲友数量大于村里没有农民专业技术协会的农户。

第四，农业技术推广。农业技术推广部门推广活动的作用不仅为农民提供农业技术服务和信息服务，为农民解决再生产当中遇到的技术问题，而且不同形式的推广活动，如办农业技术培训班、技术试验示范、田间指导等也为当地的农户提供了一个相互交流和学习的平台。农业技术推广活动对转基因番木瓜技术的采用有较为显著的影响。表 4.19 表明，如果农业技术推广部门在村里举办过关于转基因番木瓜的农业技术培训，种转基因番木瓜的农户知道其本村亲友当中采用转基因番木瓜技术的亲友数量大于没有办过培训的村的农户，但影响不是很明显。

4.8 农户社会关系及其他因素影响的计量分析

前面对影响农户采用转基因番木瓜技术的影响因素做了相关的统计分析，农户社会关系网络结构和规模、农户所在村的条件等因素对于农户采用转基因番木瓜技术的行为产生影响，这些分析仅仅停留在相关分析的基础上，只能反映总体的基本情况。为了进一步分析农户不同层次、不同规模的社会关系网络群体对农户技术采用行为的影响程度，探求影响农户技术采用的诸因素对农户技术采用行为的影响，给进一步深入分析提供实证依据，本节通过计量经济模型对农户社会关系网络群体及其他因素对农户技术采用的行为进行定量分析。转基因番木瓜技术采用的回归模型的主要变量描述见表 4.20。

表 4.20 转基因番木瓜技术采用的回归模型的主要变量描述

变量名	观测值	均值	标准差	最小值	最大值
是否采用转基因番木瓜技术	238	0.537 8	0.499 6	0	1
本村采用转基因番木瓜技术亲友数	238	16.067 2	12.272 0	1	52
户主性别	238	1.025 2	0.157 0	1	2
户主年龄	238	49.470 5	8.874 0	31	82
户主受教育水平	238	8.021 0	2.967 4	0	17
户主是否为村干部	238	0.201 6	0.402 1	0	1
家庭财产	238	11.161 4	14.833 7	0.52	90.21
耕地面积	238	15.584 0	25.056 7	0.8	200

表4.20(续)

变量名	观测值	均值	标准差	最小值	最大值
走完最近 20 户邻居需要的时间	238	17.277 3	10.571 3	3	60
到最近小卖部距离	238	0.740 5	1.318 1	0	10
农民专业技术协会	238	0.176 4	0.382 0	0	1
举办转基因番木瓜技术培训	238	0.033 6	0.180 6	0	1

数据来源：根据调查数据整理

为了分析农户的社会关系网络规模及其他因素对农户转基因番木瓜技术采用行为的影响，我们按照确定的农户是否采用转基因番木瓜技术作为被解释变量，根据前面设定的模型和解释变量，利用调查数据，分别采用线性概率模型、Logit 模型和 Probit 模型，估计了农户关系网络对农户转基因番木瓜的技术采用的影响。转基因番木瓜技术采用的 LMP 模型、Logit 模型和 Probit 模型估计结果见表 4.21。

表 4.21　转基因番木瓜技术采用的 LMP 模型、Logit 模型和 Probit 模型估计结果

	LMP	Logit	Probit
社会关系			
本村亲友数	0.252 1 (0.021 54)*	0.194 7 (0.027 3)*	0.112 5(0.014 5)*
农户特征			
户主性别	0.179 0 (0.160 9)*	1.090 9(−1.099 2)	0.583 6(−0.617 2)
户主年龄	0.001 1(−0.003 1)	−0.002 8 (−0.022 8)	−0.001 3(−0.013 1)
户主受教育水平	0.001 6(−0.009 3)	−0.003 5 (−0.071 0)	−0.004 4(−0.039 2)
户主是否为村干部	0.114 7(0.068 6)*	0.878 9(0.563 1)*	0.525 2(0.306 6)*
家庭财产	−0.000 9(−0.001 9)	−0.007 3(−0.015 6)	−0.002 9(−0.009 0)
耕地面积	0.002 1(0.001 1)*	0.011 3(0.009 3)*	0.005 9(0.004 8)*
村级影响因素			
走完最近20户邻居需要的时间	0.007 5 (0.024 2)*	0.048 6 (0.188 9)*	0.037 0 (0.107 3)*
到最近小卖部距离	−0.009 5 (−0.019 3)	−0.025 5 (−0.175 5)	−0.025 1 (−0.099 1)
农民专业技术协会	−0.092 8 (−0.143 9)	−0.411 6 (−1.280 4)	−0.142 0 (−0.766 4)
举办转基因番木瓜技术培训	0.214 8 (0.067 13)	1.531 7 (0.524 8)*	0.868 7 (0.296 68)*
常数项	−1.134 1 (1.266 0)*	−3.533 9(1.956 8)*	−1.989 2 (−1.083 3)
R^2	0.56	0.62	0.56
观测值个数		238	

注：1. * 代表在 5%的水平下显著

2. 括号内为变量的标准差

总体上看，采用不同方法估计的模型都得到了较为理想的结果，R^2值都超过了0.55，而且我们关注的变量都达到较为理想的显著性水平。下面我们以Logit模型的结果对农户采用转基因番木瓜技术的影响进行具体分析。

从农户社会关系网络群体结构和规模的影响上看，农户的社会关系网络群体规模对农户的转基因番木瓜技术的采用行为产生了显著影响。对表4.21中本村亲友数的边际分析可知，种植转基因番木瓜亲友的边际系数达到0.19，可见其影响的程度相对较大，从Probit模型和LMP模型的分析也可以达到相似的结论，即在其他条件相同的情况下，种植转基因番木瓜的农户的种植转基因番木瓜亲友的规模每增加5人，则其中的一人与农户同时种植转基因番木瓜。这说明农户种植转基因番木瓜亲友的规模大小对于农户从其亲友群体成员当中学习和了解品种信息的程度有非常显著的影响，而且这种影响程度较大。

作为农户特征的户主性别、户主年龄和户主受教育水平这些变量在回归模型中都不显著，而村干部身份对农户是否采用转基因番木瓜技术的影响显著。这说明村干部由于其身份和行政工作等方面的原因与包括本村亲友在内的农户之间相互交流和沟通较多，因而会从更多本村亲友那里了解和学习技术信息，对转基因番木瓜技术比其他农户更加了解。许多农业技术推广部门经常采用地向农户发放“明白纸”等形式的农业技术资料通常是通过村干部发放给农户的，这使村干部比一般农户更能清楚了解到新技术的情况。

从农户的农业生产资源禀赋条件看，反映农户资金禀赋条件的变量家庭财产在不同估计方法的回归模型中都不显著（见表4.21）。这可能是因为我们采用的是包括房产的价值和家电的价值在内的农户家庭财产来反映农户的家庭经济实力。我们在调查中发现，样本地区农户家庭收入中非农收入占了很高的比例，对技术采用带来的风险，农户普遍有较强的承受能力。因为我们调查的大部分样本农户生产规模普遍较小，转基因番木瓜种子的投入在农业生产投入中所占的比重较小，所以其对于资金的敏感程度不高。

反映农户资金禀赋条件的变量耕地面积对转基因番木瓜技术的采用的影响不太显著。农户的耕地面积，在控制了村级虚变量后显著性较高，回归方程在5%的显著性水平下显著，但是系数很小，只有0.01。这说明农户的耕地资源禀赋对于农户向本村亲友学习和了解品种信息的程度没有明显的影响，实质上是由于农村的不同条件产生显著的影响，而农户责任田和承包田的面积具有明显的村级特征。

在回归模型中，我们采用走完最近20户邻居需要的时间和农户家到最近小卖部距离两个变量作为农户居住的密集程度和信息获取及交流便利程度的村级影响因素。走完最近20户邻居需要的时间都在5%的显著性水平下显著，这说明农户居住的密集程度对于农户所处的社会关系网络成员之间的农业技术信息交流和相互学习有较为显著的影响，即走完离农户家最近的20户所需时间越短，农户居住的密集程度越高，农户的社会关系网络群体成员之间的品种技术信息交流越多，观测到的品种试验越多，个体农户掌握的品种技术信息越多，掌握的品种的投入产出参数信息越准确，在相对较小的范围内技术信息的扩散越快，因此农户越有动机去采用新品种。同时，居住密集程度越高，农户与其他农户之间在生产和生活当中的相互沟通与合作越密切，相互之间的信赖程度越高，技术采用的概率越高。

到最近小卖部距离变量在各组回归模型当中都不显著。小卖部是农村中各种信息传播的桥梁，是农户之间相互交流信息的一个平台。对于每一个农户而言，小卖部是一个其经常光顾的场所，因此农户往往会从小卖部得到包括农业技术信息在内的各种比较新的信息，农户距小卖部的距离越近，获取的技术信息越新越快，农户采用新品种技术的概率越大。由于农户从小卖部获取到的品种技术信息的可靠性和准确性不是很高，因此其对农户品种技术采用的决策影响不会十分显著。

农业技术推广部门是否在本村举办转基因番木瓜技术培训在回归模型中影响显著，而本村是否有农民专业技术协会影响不显著，与预期的影响有出入。这很可能是因为转基因番木瓜技术培训加强了农技推广部门与农户的沟通和交流，让农户接触到转基因番木瓜知识，增强了农户对转基因番木瓜技术的了解。由于目前我国农村的农民专业技术协会尚处于起步阶段，存在发展不完善、机构不健全、缺乏经费、农户的参与程度低等问题，甚至很多农民专业技术协会只是有名无实，没有真正成为农业技术传播和扩散的有效载体。这可能是回归模型中本村是否有农民专业技术协会这一变量不显著的主要原因。

总之，农户本村亲友的规模是农户从本村亲友群体成员当中获取农作物品种信息的多少、学习和了解品种技术参数程度的决定因素。农户居住的密集程度和其是否为村干部都对农户从其本村亲友那里学习农作物品种信息和参数产生较为显著的影响。

4.9 小结

本章基于广东省6个县（市、区）、15个乡镇、51个村、238个农户的调查，对农户的农业技术需求、农业技术信息的来源渠道进行了分析，并对农户的社会关系网络的结构和规模、与农户技术交流学习相关的村级特征以及农业技术推广和地区等因素对农户的转基因番木瓜技术采用的影响进行了定性和定量分析。

从农户社会关系的形成机制上看，本村亲戚和朋友是农户最主要的两个社会关系网络群体。我们通过进一步地统计和经济计量分析得知，农户从其种植转基因番木瓜亲友那里获取的作物品种信息的多少和对于农作物品种投入产出技术参数的了解程度高低主要取决于农户种植转基因番木瓜亲友的规模大小；随着农户亲友规模的递增，农户已知与其采用相同品技术的本村亲友数量的增长率呈递减趋势。同时，农户居住的密集程度以及农业技术推广对转基因番木瓜技术的采用也有较为显著的影响。农户的基本特征和农民专业技术协会等没有显著的影响。

第一，农户获取农业生产中的关键技术信息的来源渠道结构单一，多元化、多形式、网络化的基层农村农业技术信息渠道体系尚未形成。研究表明，农户的信息来源主要集中在少数的几个固定的渠道上，农户获取新品种信息主要通过种子公司、农技部门和本村亲友。

第二，农户社会关系网络群体的规模对农户的技术采用行为产生显著影响，农户亲友中的本村亲友是对农户技术采用行为影响最为显著、影响程度最高的社会关系群体，而且农户的社会关系网络是农户农业技术信息重要的来源渠道之一。研究发现，农户的社会关系网络群体规模对农户的技术采用行为有非常显著的影响，随着与农户相互交往的社会关系网络群体的密切程度的增大和范围的逐渐缩小，群体规模对农户技术采用行为的影响程度和强度逐渐增大，农户的本村亲友是对农户技术采用行为影响最显著和强度最大的社会关系网络群体。同时，随着农户居住的密集程度的增大，农户学习和掌握的技术参数信息增多，从而对农户技术采用产生较显著的影响。我们在调查中还发现，农户的本村亲友还是新品种技术的重要信息来源之一。

第三，目前的农业技术推广部门的推广方式落后、农民参与程度低，农业技术推广工作对农户技术采用和扩散的促进作用不太明显。调查研究表明，农业技术推广部门对于农民需要的技术，如施肥、虫害治理等的技术指导和服务不足，而且推广方式单一、方法落后，普遍采用发放农业技术资料的推广方式，对农户的技术采用没有起到明显的促进作用。新型的农业技术推广方式对推进农业新技术的推广作用显著，农业技术培训班、技术试验示范为当地的农户提供了一个相互交流和学习的平台。

5 转基因番木瓜的经济影响研究

本章的研究目的主要有两个：一是确定农户采用转基因番木瓜技术后对经济效益的影响，二是估算由于转基因番木瓜技术的采用带来的经济剩余分配。本章先探讨采用的主要研究方法和模型，其中重点是两个实证分析模型的选择和应用，即转基因经济效益影响比较大的转基因农作物农药使用影响因素模型和转基因农作物对农户经济效益分析模型。我们根据在广东转基因番木瓜生产地区的调查数据，分析转基因番木瓜在微观层次上对农户投入和产出以及健康水平的影响，然后采用经济剩余分配的分析方法进行实证分析。

5.1 转基因番木瓜的经济分析的理论框架

5.1.1 转基因农作物农药使用影响因素模型

本书对番木瓜农药使用行为的分析将采用计量经济模型进行估计。模型的因变量是每公顷的农药使用量（升/公顷），自变量是各种影响因素。根据自变量的特点不同，我们将其分成了四类：农药价格、反映转基因番木瓜种子质量的自变量、反映番木瓜病虫害发生程度的自变量和反映农户特征的自变量。

在其他条件一样的情况下，农民总是要根据农药的防治对象和价格，对不同农药的投入进行搭配，实现其有限收入水平的理性支出。同种类型的农药，价格差别往往可以反映其质量，价格偏高的农药质量也较好，因此这个变量也可以反映农药质量对农药投入的影响。

反映种子特征的变量主要包括种子性质变量和种子来源变量。我们选择了种子是否是转基因番木瓜，比较反映种子品种的因素对于农药投入量的影响，对于转基因番木瓜产业的发展有着重要的实际意义。

反映农户特征的变量主要有农户户主的年龄、文化程度、是否为村干部3个指标。

由于没有直接测定调查年份、调查地区（番禺、珠海、廉江、徐闻等广东6个番木瓜种植地区）的番木瓜病虫害发生程度指标，本书采用了一系列的虚变量来反映病虫害对农药使用的影响。考虑到番木瓜病虫害在不同年份、不同地区有差异，我们设定的几个农药施用模型都分别引入了调查年份虚变量（2006年和2007年，以2006年为对照）和调查地区虚变量（番禺、珠海、徐闻、廉江、鹤山、高要，以番禺为对照）。

根据以上影响因素，模型的一般形式可以写成：

农药使用量=f（农药价格，种子特征，农户特征，病虫害发生程度）

(5.1)

5.1.2 转基因农作物对农户经济效益分析模型

柯布-道格拉斯（Cobb-Douglas，C-D）生产函数是最常用的分析工具。农业产品的生产是由许多投入要素和劳动的结合经过一定的程序和时期后转变而成的。生产过程中投入生产资料的数量不同，产品数量也不同，这种投入资源与产出产品间的数量关系以函数形式反映，就成为生产函数。柯布-道格拉斯生产函数一般表达式为：

$$Y = AX_1^{b_1}X_2^{b_2}\cdots X_n^{b_n} \tag{5.2}$$

式中：Y表示产量；X_i（$i=1，2，\cdots，n$）表示不同生产要素的投入量；b_i为投入要素X_i对产量Y的产出弹性。在实际应用中，我们通常采取使曲线函数线性化的处理，即对模型两边取对数，得到：

$$\ln Y = C + b_1\ln X_1 + b_2\ln X_2 + \cdots + b_n\ln X_n \tag{5.3}$$

因此，我们将实测数据Y和X值皆取对数，按多元线性回归方程分析处理即可。

损失控制生产函数（Damage Control Production Function）在对农户经济效益的分析中是很经典的，主要对农户生产的成本和产量进行分析，可以采用改进的损失控制生产函数进行分析（Lichtenberg 等，1986）。种植转基因番木瓜的过程中，投入品可以按照其性质分为两类：化肥、劳动。这类投入通常可以增加产量，称为“正常”投入品；而化学农药这类投入则是为了减少损失，可以称为损失控制投入品。由于转基因抗病番木瓜防治的主要是环斑病毒，因此它与非转基因番木瓜相比，差别在于为了控制虫害使用的农药数量有差别。在这个生产函数里，利用损失控制投入对于损失的限制，作为对产出的补偿。这个函数的形式是损失控制函数跟传统农业生产函数的结合：

$$Y=f(X)\ G(Z) \tag{5.4}$$

式中：X 是正常投入（如劳动、化肥和其他投入）向量，$G(Z)$ 是一个损失控制函数，Z 是表示控制水平的向量（如农药使用量等）。损失控制函数具有累积概率分布的性质，其定义域是 [0, 1]。$G(Z)=l$ 表示病毒对作物产量损失的完全控制，$G(Z)=0$ 表示病毒完全没得到控制而且使作物产量完全损失。假定 $f(X)$ 是一个柯布-道格拉斯函数，$G(z)$ 可能符合 Weibull、Exponential 或 Logistic 三种函数形式中的某一种，那么（5.2）式通常可以写成以下三种函数形式的某一种：

$$Y=a_0\prod_i^n X_i^{a_i}[1-\exp(-Z^e)] \quad \text{(Weibull)} \tag{5.5}$$

$$Y=b_0\prod_i^n X_i^{k_i}[1-\exp(-cZ)] \quad \text{(Exponential)} \tag{5.6}$$

$$Y=c_0\prod_i^n X_i^{b_i}\{1/[1+\exp(d-hZ)]\} \quad \text{(Logistic)} \tag{5.7}$$

（5.5）式中的 a_0、a_i 和 e，（6）中的 b_0、k_i 和 c，（5.7）中的 c_0、b_i、d 和 h 都是待估计的参数，i 表示投入品的代码，Z 是农药的使用量。但是，哪种函数形式最符合生产实际到现在也没有定论。通常的做法是同时利用样本对三种形式分别进行拟合，然后根据拟合的结果结合样本的实际情况进行取舍（Lichtenberg & Zilberman，1986；Huang 等，2002）。

实际估计过程中，作为损失控制因素的变量除了 Z 外，还需要引入 B_t 抗病番木瓜虚变量 D_{bt}。考虑到选择作为转基因受体的番木瓜品种品质一般都比较好，因此 D_{bt} 也会对产量产生直接影响，同时也要将其作为直接影响产量的虚变量引入损失控制模型。待估方程（5.5）至（5.7）的形式将变成：

$$Y=a_0D_{bt}^{a_{bt}}\prod_i^n X_i^{a_i}[1-\exp(-Z^{e_0+e_1D_{bt}})] \quad \text{(Weibull)} \tag{5.8}$$

$$Y=b_0D_{bt}^{b_{bt}}\prod_i^n X_i^{k_i}\{1-\exp[-(c_0+c_1D_{bt})Z]\} \quad \text{(Exponential)} \tag{5.9}$$

$$Y=c_0D_{bt}^{b_{bt}}\prod_i^n X_i^{b_i}(1/\{1+\exp[\mathrm{d}-(h_0+h_1D_{bt})]Z\}) \quad \text{(Logistic)} \tag{5.10}$$

为了计算 Z 的边际影响，已有的做法是直接分别对（5.5）至（5.7）式求偏导数，估计的等式是：

$$MP(Z)=a_0\prod_i^n X_i^{a_i}[\exp(-z^e)eZ^{e-1}] \quad \text{(Weibull)} \tag{5.11}$$

$$MP(Z)=b_0\prod_i^n X_i^{k_i}[\exp(-cZ)(c)] \quad \text{(Exponential)} \tag{5.12}$$

$$MP(Z)=c_0\prod_i^n X_i^{b_i}\{[1+\exp(\mathrm{d}-hZ)]^{-2}\exp(\mathrm{d}-hz)h\} \quad \text{(Logistic)} \tag{5.13}$$

式中：

$$e = e_0 + e_1 D_{ht}$$

$$c = c_0 + c_1 D_{ht}$$

$$h = h_0 + h_1 D_{ht}$$

种植转基因番木瓜对于农药使用边际产量的影响可以利用（5.11）式至（5.13）式和与转基因番木瓜与非转基因番木瓜有关的不同参数［见方程（5.6）至（5.8）］进行检验。我们利用 MP 的数值和农药的价格可以估计出转基因番木瓜和非转基因番木瓜的最优农药使用水平。种植转基因番木瓜对于番木瓜产量变化的影响可以利用下列三式测度：

$$\frac{\mathrm{d}(\ln Y)}{\mathrm{d}D_{bt}} = a_{bt} + \frac{\exp(-Z^e)\ln(Z)Z^e e_i}{1-\exp(-Z^e)} \quad \text{(Weibull)} \tag{5.14}$$

$$\frac{\mathrm{d}(\ln Y)}{\mathrm{d}D_{bt}} = b_{bt} + \frac{\exp(-cZ)Zc_i}{1-\exp(-cZ)} \quad \text{(Exponential)} \tag{5.15}$$

$$\frac{\mathrm{d}(\ln Y)}{\mathrm{d}D_{bt}} = c_{bt} + \frac{[1+\exp(\mathrm{d}-hZ)]^{-2}\exp(\mathrm{d}-hZ)Zh_i}{1/[1+\exp(\mathrm{d}-hZ)]} \quad \text{(Logistic)} \tag{5.16}$$

虽然前面提到的三种形式哪一种更符合实际尚无定论，但是这种涉及作物生长的函数形式从理论上讲符合某种生存函数（Survival Function）的形式应该是毫无疑问的。本书中将选择上述方法中最合理的估计结果做经济解释。

损失控制生产函数的估计方法。方程（5.3）至（5.5）两边同时取对数，不失一般性。上述三个等式可写成：

$$\ln(Y) = \ln(\beta_0) + \sum_i^n \beta_i \ln(X_i) + \ln(hZ,\ \gamma) \tag{5.17}$$

其中，X_i 表示各种普通投入品，Z 表示损失控制投入品（农药），β_0，β_i，γ 分别表示待估参数。$h(Z,\ \gamma)$ 就是上面提到的四种损失控制函数之一。式中的 $\ln[h(Z,\ \gamma)]$ 不能线性化，因此损失控制函数不能完全线性化。一般称这类回归模型为非线性回归模型，回归方法仍然是最小二乘法。

5.1.3 经济剩余分配的分析方法和实证步骤

番木瓜的市场几乎不存在对外贸易，因而分析其经济效应适用于经济剩余分配方法。那么在封闭的经济条件下，假定不存在对外贸易，有关剩余分配的基本模型如图 5.1 所示。

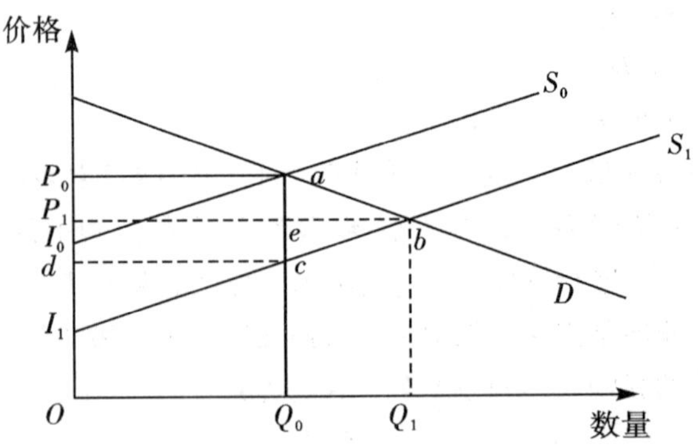

图 5.1　经济剩余分配的分析模型示意图

其中，D 代表需求，S_0和 S_1分别表示新技术采用前后的供给。假设供给和需求都是价格的线性函数。开始的均衡价格和数量分别是 P_0和 Q_0，引入新技术导致供给增加以后的均衡价格和数量分别是 P_1和 Q_1。在本书的研究中，我们利用该模型对具体作物转基因番木瓜每年的经济剩余进行测算。

供给曲线的移动是由于新技术的采用导致的，因此称之为研究诱导性移动。供给移动带来的总的收益就等于需求曲线下面两条供给曲线之间的面积（总剩余的变化 ΔTS = 四边形 I_0abI_1）。这一面积可以看成由以下部分组成的：第一，保持原有数量不变，由于成本减少带来的剩余，也就是图 5.1 中点 Q_0左侧两条供给曲线之间的面积，四边形 I_0abI_1和由于生产和消费增加带来的经济剩余，等于三角形 abc 的面积，相当于用消费量的增加值四边形 Q_0abQ_1的面积减去产量增加的总成本——四边形 Q_0cbQ_1的面积。

对于上述的总剩余，我们也可以分解成消费者剩余的变化和生产者剩余的变化两部分。消费者剩余的变化等于四边形 P_0abP_1的面积，生产者剩余的变化就等于三角形 P_1bI_1的面积减去三角形 P_0aI_0的面积。由于这里假定供给和需求曲线都是线性的，图 5.1 中，三角形 dcI_1的面积等于三角形 P_0aI_0的面积（供给曲线是平行移动）。因此，生产者剩余的变化就等于四边形 P_1ecd 的面积加上产量增加带来的剩余——三角形 bce 的面积，也就是四边形 P_1bcd 的面积。

上述分析过程也可以利用代数式表示，如果供给曲线和需求曲线的方程分别是：

供给：$Q_S=(\alpha+\beta k)+BP$

需求：$Q_d=\gamma-\delta P$

式中：k 是由于采用新技术以后成本减少导致的供给曲线的下降，图 5.1 中，$k=P_0-d$，因此与初始价格相比，价格的移动的比例是 $K=k/P_0=(P_0-$

d）$/P_0$。解上述供给需求方程组，令 $Q_s=Q_d$，则均衡价格为 $P=$（$\gamma-\alpha-\beta k$）/（$\beta+\delta$）。如果令 $k=0$，可以得到初始的均衡价格 $P_0=$（$\gamma-a$）/（$\beta+\delta$）；如果令 $k=KP_0$，可以得到 $P_1=$（$\gamma-\alpha-\beta KP_0$）/（$\beta+\delta$），于是可以计算出研究诱导价格变化为 $P_l-P_0=-BKP_0/$（$\beta+\delta$）。与初始价格相比，变化的相对比率就是-（P_1-P_0）$/P_0=\beta K$/（$\beta+\delta$）。如果将该式中的斜率 β 和 δ 分别转化成供给价格弹性（ε）和需求价格弹性的绝对值（η），就可以得到价格相对变化的弹性表达式：

$$Z=K\varepsilon/(\varepsilon+\eta)=-(P_1-P_0)/P_0 \tag{5.18}$$

消费者剩余的变化 $\Delta CS=$长方形 P_0aeP_1 的面积-三角形 abe 的面积$=(P_0-P_1)Q_0[1\div(Q_1-Q_0)/2Q]$。利用上述 Z 的定义：

$$Z=-(P_1-P_0)/P_0$$

可以得到：

$$(Q_1-Q_0)/Q_0=Z\eta \tag{5.19}$$

最后可以得出：

$$\Delta CS=P_0Q_0Z(1+0.5Z\eta) \tag{5.20}$$

结合上图，我们也可以计算生产者剩余的变化：

$\Delta PS=P_1BI_1-P_0bI_0=P_1bcd$（因为供给曲线的平行关系，$dcI_1=P_0aI_0$）

进而有：

$$\Delta PS=P_1bcd=\text{长方形 }P_1ecd+\text{三角形 }bce=(P_1-d)Q_0[1+(Q_1-Q_0)/2Q_0] \tag{5.21}$$

有了消费者剩余和生产者剩余的变化情况，不难得到总经济剩余的变化情况：

$$\Delta TS=\Delta PS+\Delta CS=P_0abcd=P_0acd+abc=I_0abI_1=I_0acI_1+abc \tag{5.22}$$

存在国际贸易的情况下，需要同时考虑国际和国内两个生产者地区与和消费者剩余的变化。本书不考虑国外番木瓜市场对国内番木瓜市场的影响，只给出国内市场政策试验的结果。

具体的分析过程中，可以利用对于农户的调查数据，估计由于采用转基因番木瓜成本减少的成本。利用生产函数的估计结果，计算供给曲线的移动的比例。结合对于番木瓜供给曲线价格弹性和需求曲线价格弹性的假设值，我们可以以政策试验的方式估算采用新技术以后社会福利在不同部门之间的分配。

上述福利分配的具体四步骤如下：第一，利用产量数据、成本节约减去种子成本的增加和对于农户层次上的番木瓜生产区分是否转基因品种的采用率的调查，估计引致商品番木瓜供给的变化。第二，检验市场，考察从 1998 年下半年开始的市场体制改革是否已经真的付诸实施，番木瓜价格是否的确是由市场决定的。第三，如果价格是由市场决定的，我国的新技术和价格的影响可以利用供给曲线的变化计算出来。第四，利用上述的福利计算公式，可以估计出国内市场上经济剩余在生产者和消费者之间的分配。

以上整个分析框架建立在我国的农民可以自由选择效益最大的技术假设之上，对他们的行为所附加的限制条件主要有当地的技术推广体系和番木瓜的市场化程度。前者影响当地品种的采用，后者影响当地的供给、需求价格弹性。同时，我们假定农户生产的目的是试图实现利益的最大化。对农户的选择的限制主要是供给和市场方面。

5.2 种植转基因番木瓜的经济影响基本统计分析

为了能够更深入地量化分析转基因番木瓜的种植对种植农户生产及其市场和社会福利的影响，本部分将给出以下计量模型的估计结果：农药使用影响因素模型、传统的 C-D 生产函数模型和损失控制生产函数模型。其中，损失控制生产函数采用估计结果最合理的 Exponential 函数形式。本部分根据损失控制生产函数模型的估计结果，计算转基因番木瓜的推广种植对番木瓜种植农户生产的影响，并根据假设的供给和需求弹性进行政策试验，判断转基因番木瓜对社会福利的潜在影响。我们首先分析农药使用影响模型的估计结果，其次分析 C-D 生产函数和损失控制生产函数的估计结果以及转基因番木瓜对番木瓜产量的影响，最后利用政策试验方法，根据有关模型的估计结果，分析转基因番木瓜的推广种植对社会福利分配的影响。

5.2.1 采用转基因番木瓜技术对番木瓜产量的影响

从所有样本地块的平均产量分析可知（见表 5.1），两年调查的转基因番木瓜的产量都高于非转基因番木瓜的产量，前者比后者分别高出 8.7%（2006）和 19.3%（2007）。2007 年相对于 2006 年，无论是转基因番木瓜还是非转基因番木瓜产量都有很大比例的下降，原因主要是 2007 年调查地区部分地块受到台风、病虫害等自然灾害的侵袭，导致减产，因此产量较低。同时，我们也可以看出在病虫害大规模发生的时候，由于转基因番木瓜的抗病性，转基因番木瓜相对于非转基因番木瓜在产量方面的优势开始体现出来。

表 5.1　样本地块的平均产量（2006—2007 年）

番木瓜品种和差异性检验值	样本地块数量（个）			产量（千克）		
	2006	2007	总计	2006	2007	总计
转基因番木瓜	134	173	307	6 657	5 610	6 104
非转基因番木瓜	102	114	226	6 122	4 703	5 322
差异性显著水平				(−1.193 8)*	(−2.309 0)**	(−2.605)***

注：括号内的数字为差异性 t 检验值；***、**、* 分别表示差异性检验的显著水平是 1%、5%、10%，本章下同

为了进一步分析转基因番木瓜和非转基因番木瓜品种产量的差异，我们可以将不同调查地区进行对比。表 5.2 列出了 2006 年和 2007 年调查的样本地区中同时种植转基因番木瓜和非转基因番木瓜品种地区两种番木瓜的平均产量。可以看出，在所有调查的样本地区，转基因番木瓜的平均产量高于非转基因番木瓜的平均产量，但差异性仅在高要、徐闻、珠海地区呈现出一定的显著性，其他地区则不显著。2006 年和 2007 年调查的高要地区，转基因番木瓜的平均产量均高于非转基因番木瓜的平均产量，且差异性比较显著。2006 年调查的徐闻地区，转基因番木瓜和非转基因番木瓜的产量分别是 15.4 万千克/公顷和 10.6 万千克/公顷，存在显著的差异。2007 年调查的珠海地区的两种番木瓜的产量差异呈现显著特征。

表 5.2　同时种植两种番木瓜样本地区的平均产量及其差异性水平（2006—2007 年）

样本地区	调查年份和产量（千克/公顷）	
	2006	2007
番禺		
转基因番木瓜	90 405	91 680
非转基因番木瓜	84 225	81 630
差异性显著水平	(0.431 8)	(−0.664 2)
高要		
转基因番木瓜	104 340	89 670
非转基因番木瓜	85 065	72 345
差异性显著水平	(−1.404 1)*	(−1.565 2)**

表5.2(续)

样本地区	调查年份和产量（千克/公顷）	
	2006	2007
鹤山		
转基因番木瓜	77 385	67 140
非转基因番木瓜	71 385	55 920
差异性显著水平	(−0.521 7)	(−1.175 1)
廉江		
转基因番木瓜	117 375	105 285
非转基因番木瓜	108 225	101 700
差异性显著水平	(−0.617 0)	(−0.155 0)
徐闻		
转基因番木瓜	154 035	122 985
非转基因番木瓜	105 780	119 865
差异性显著水平	(2.433 7)***	(−0.121 7)
珠海		
转基因番木瓜	79 500	64 125
非转基因番木瓜	72 840	48 660
差异性显著水平	(−0.225 1)	(1.468 2)*

数据来源：根据调查数据整理

不但转基因番木瓜和非转基因番木瓜的产量存在差异，即使同样是种植转基因番木瓜，由于各地种植方式和自然条件的差别，转基因番木瓜对于番木瓜产量在相同的年份不同的地区的影响也存在差异。图 5.2 的数据表明，6 个地区由于自然环境的不同，产量有很大的差异。产量最高的是徐闻，2006 年每公顷产量高达 15.4 万千克，而产量最低的是鹤山，2006 年每公顷产量仅有 7.73 万千克。徐闻和廉江地区的番木瓜产量明显高于其他几个地区的产量。这可能是由于徐闻、廉江地处热带地区，环境更适合番木瓜的生长。2007 年，这 6 个地区由于遭受台风的侵袭，影响了番木瓜的产量。但产量最高的依然是徐闻地区，最低的却是珠海地区。这可能是由于珠海地区较鹤山地区遭受台风侵袭的程度更重。在珠海地区的问卷调查中，多数受访农户表示台风严重影响了番木瓜的产量。2007 年，只有番禺地区的转基因番木瓜产量出现了一定程度的提高，其他 5 个地区均出现了较大幅度的下降。在问卷调查的过程中，除了番禺地区，其他 5 个地区的受访农户都在一定程度上表示 2007 年当地的番木瓜出现了严重的病虫害，对产量造成了较大的负面影响。

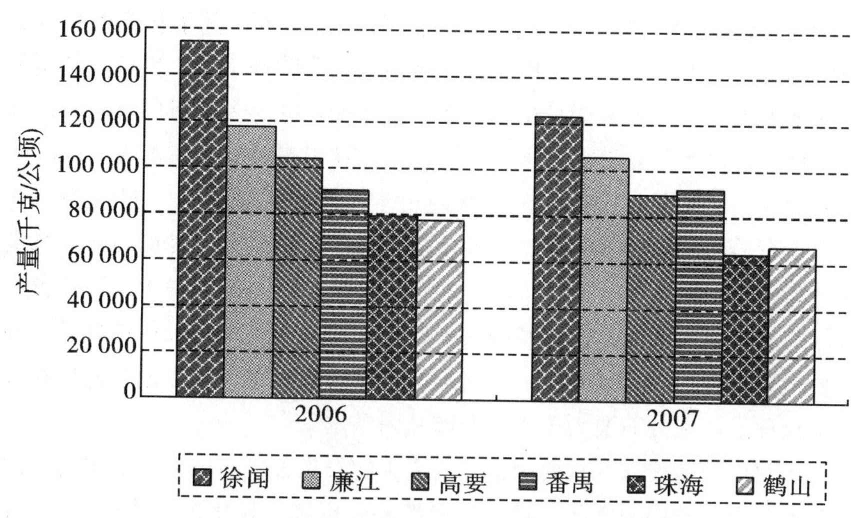

图 5.2　样本地区转基因番木瓜的平均产量

从上述分析可以看出，转基因番木瓜的种植的确对农户的番木瓜生产有影响，其产量普遍高于非转基因番木瓜的产量。

5.2.2　采用转基因番木瓜技术对种植农户的投入的影响

番木瓜生产的主要投入品有番木瓜种子、化肥、劳动力和农药，另外还包括一些其他投入，如灌溉、地膜以及耕地等。由于转基因番木瓜的抗病性和种子价格比非转基因番木瓜种子价格要贵，因此转基因番木瓜对番木瓜生产投入的直接影响是农药投入和种子投入，对其他投入没有直接的影响。我们分别分析转基因番木瓜对各种投入品的投入量和投入成本的影响，其中对种子和农药投入影响是分析的重点。

从表 5.3 中可以看出，转基因番木瓜种子单位面积的投入成本一般要高于非转基因番木瓜种子单位面积的投入成本。通过差异性检验，我们可以看出，2006 年种植转基因番木瓜的农户在转基因番木瓜种子上的投入成本明显超出非转基因番木瓜种子。这主要是因为转基因番木瓜种苗、种子的价格通常较非转基因番木瓜种苗、种子的价格高。

由于转基因番木瓜种苗、种子在我们调查的样本地区价格和品种实际上都是不同的，因此本书对样本地区的种苗、种子投入进行了一个简单描述性统计分析。通过表5.4可以看出，样本地区在番木瓜种苗、种子上的投入成本存在很大的差异。廉江地区的农户平均每年在转基因种子上的投入成本达7 995元/公顷，这一投入水平远超我们调查地区的平均水平。其主要原因是因为廉江地区调查的样本村位置比较偏僻，普遍缺乏相应的种子推广机构，其主要的转基因番木瓜种子、种苗都是从推销的小贩处购买的。大多村民反应不仅种苗贵，而且种苗很多不能存活下来，是假种苗。这也提示我们要加大农业推广的覆盖面，普及转基因相关知识。转基因番木瓜种子、种苗投入最少的徐闻地区，由于有长期种植转基因番木瓜的传统，再加上农户大多种植的属于菜瓜品种的转基因番木瓜品种，而菜瓜品种的种子价格较低，因此种子、种苗投入成本较低。从样本地区的总体转基因番木瓜和非转基因番木瓜的单位种子、种苗投入的差异性检验中可以看出，其基本都呈显著性水平。这也说明种植转基因番木瓜在种子投入方面要大于种植非转基因番木瓜。

决定农户农药投入的首要因素是病虫害的发生程度。因此在分析转基因番木瓜对农药投入的影响之前，我们首先需要分析调查样本的病虫害发生情况，然后根据反映转基因番木瓜种子质量的不同变量，分析该作物对农药投入的影响。

由于我们没有调查病虫害发生程度的具体指标，因此可以通过其他变量了解病虫害的发生程度。两年时间的调查中，我们都让农户估计如果种植非转基因番木瓜不施用农药，预期损失是多少（损失的产量占总产量的百分比）。农户对这个问题的回答往往也就间接反映了其对番木瓜病虫害发生严重程度的估计，因此预期损失估计值大，农户判断的病虫害危害程度就高。利用这个数据可以大体判断每年调查的样本点番木瓜病虫害发生的严重程度。从表5.5的统计结果看，廉江和番禺地区的样本农户认为2007年的番木瓜病虫害最严重，徐闻和高要地区的样本农户认为2006年和2007年番木瓜病虫害发生的严重程度很接近，高要、鹤山地区的样本农户认为2007年番木瓜病虫害的发生程度较2006年轻，另外4个地区则认为2007年番木瓜病虫害的发生程度较2006年重。比较同一调查年度的番木瓜病虫害发生程度可以发现，2006年，珠海地区的病虫害最严重；2007年，廉江地区的番木瓜病虫害最严重。

表 5.3　番木瓜种子成本投入（2006—2007 年）

番木瓜品种和差异性检验值	种子投入成本（元/公顷）		
	2006	2007	平均
转基因番木瓜	4 110	4 575	4 470
非转基因番木瓜	3 615	4 365	3 900
差异性显著水平	(−2.812 6)***	(−0.840 9)	(−2.554 5)***

数据来源：根据调查数据整理

表 5.4　样本地区番木瓜种子成本投入（2006—2007 年）

样本地区	种子投入成本（元/公顷）		
	2006	2007	平均
番禺			
转基因番木瓜	4 005	4 950	4 530
非转基因番木瓜	2 850	3 180	3 030
差异性显著性水平	(−1.809 5)* *	(−3.000 2)***	(−3.451)***
高要			
转基因番木瓜	4 215	4 215	4 215
非转基因番木瓜	3 210	3 825	3 570
差异性显著性水平	(−1.451 7)*	(−0.586 7)	(−1.346 9)*
鹤山			
转基因番木瓜	6 030	5 625	5 790
非转基因番木瓜	3 030	3 525	3 315
差异性显著性水平	(−4.602 6)***	(−3.666 6)***	(−5.776 1)***
廉江			
转基因番木瓜	8 265	8 910	7 995
非转基因番木瓜	4 065	4 620	3 900
差异性显著性水平	(−7.864 9)***	(−4.597 5)***	(−9.050 2)***
徐闻			
转基因番木瓜	3 630	2 925	3 330
非转基因番木瓜	1 905	1 245	1 620
差异性显著性水平	(−1.847 6)**	(−2.244 4)**	(−2.739 8)***
珠海			
转基因番木瓜	5 220	5 700	5 625
非转基因番木瓜	4 035	4 860	4 650
差异性显著水平	(−1.136 9)	(−1.625 7)*	(−2.117 6)**

数据来源：根据调查数据整理

表 5.5　农户对番木瓜病虫害发生严重程度的估计（2006—2007 年）

调查样本地区	不同年份调查地区农户的番木瓜损失估计（%）	
	2006	2007
番禺	60	76
高要	54	52
鹤山	65	60
廉江	75	84
徐闻	50	54
珠海	80	74

数据来源：根据调查数据整理

转基因番木瓜只能够防治番木瓜生产过程中最主要的病害——环斑花叶病毒病。如果该类作物具有有效的抗病性，农民对它的农药投入量应该低于非转基因番木瓜品种。表 5.6 和表 5.7 列出了 2006 年、2007 年的调查样本总体与各调查地区样本农户农药投入量的比较。所有样本转基因番木瓜的平均农药投入成本都低于非转基因番木瓜的农药投入成本，前者比后者单位农药投入成本每公顷分别少 120 元（2006 年）、30 元（2007 年）。但两年调查的样本总体转基因番木瓜抗病效果并不存在显著的差异，这可能是由于调查地区农户对病虫害发生时的损失产量有足够的预期，而对转基因番木瓜的抗病性缺乏一定的认识和了解，继续按照以往种植番木瓜的经验来投入农药防治病虫害所致。这一点在对农户的调查中得到了证实，大多数农户认为只要病虫害出现，不管是否为转基因种子，都施洒农药。

表 5.6　种植番木瓜农药成本投入（2006—2007 年）

番木瓜品种和差异性检验值	农药投入成本（元/公顷）		
	2006	2007	平均
转基因番木瓜	960	810	885
非转基因番木瓜	1 080	840	930
差异性显著水平	(−0.440 5)	(−0.176 5)	(−0.288 7)

数据来源：根据调查数据整理

表 5.7 样本地区种植番木瓜农药成本投入（2006—2007 年）

样本地区	农药投入成本（元/公顷）		
	2006	2007	平均
番禺			
转基因番木瓜	600	795	720
非转基因番木瓜	885	825	840
差异性显著性水平	(-1. 123 1)	(-0. 091 1)	(-0. 649 1)
高要			
转基因番木瓜	510	435	465
非转基因番木瓜	525	705	615
差异性显著性水平	(-0. 053 5)	(-1. 349 8)*	(-1. 044)
鹤山			
转基因番木瓜	690	555	615
非转基因番木瓜	810	705	750
差异性显著性水平	(-0. 378 4)	(-0. 934 1)	(-0. 905 2)
廉江			
转基因番木瓜	1 500	1 995	1 650
非转基因番木瓜	1 530	2 430	1 785
差异性显著性水平	(-0. 041)	(-0. 245 4)	(-0. 179 2)
徐闻			
转基因番木瓜	555	495	525
非转基因番木瓜	915	480	720
差异性显著性水平	(-0. 708 0)	(-0. 073 2)	(-0. 661 5)
珠海			
转基因番木瓜	1 275	765	1 110
非转基因番木瓜	4 230	1 050	1 305
差异性显著性水平	(-1. 453 4)*	(-1. 301 8)*	(-0. 428 5)

数据来源：根据调查数据整理

通过比较样本地区农户同时种植两种番木瓜的农药投入量，我们可以发现，2006 年，珠海地区种植非转基因番木瓜的农户每公顷要投入 4 230 元的农药，而种植转基因番木瓜的农户每公顷只需投入 1 275 元的农药，前者比后者多 2 955 元，同时，两种番木瓜的农药投入成本呈现显著性差异。2007 年，由于珠海地区的种植农户认为当地病虫害发生程度较低，种植转基因番木瓜和非转基因番木瓜的单位农药投入成本差距缩小，但种植转基因番木瓜比种植非转基因番木瓜的每公顷农药投入依然减少 285 元，且比较显著。在调查问卷中，珠海地区的种植农户认为转基因番木瓜不仅抗环斑花叶病毒病，还抗红蜘蛛、叶斑病等一些番木瓜常见病。廉江地区的转基因番木瓜和非转基因番木瓜农药投入成本高达每公顷 1 500 元以上，且转基因番木瓜和非转基因番木瓜农药投入成本相差不大，主要是因为在问卷调查中，该地区农户对转基因番木瓜的抗病性持怀疑态度，认为其不抗病所致。余下几个地区种植转基因番木瓜比种植非转基因番木瓜在农药上的投入成本上虽然有一定程度的下降，但均不显著。在不同地区，转基因番木瓜的抗病效果存在较大的差别。在调查的过程中，我们发现暴发病虫害比较严重的地区，转基因番木瓜的抗病优势才能得到具体体现。同时，各地要加强对农户的转基因知识的普及和宣传，大力推广转基因技术，这样才能更好地发挥转基因技术的优势。

由于番木瓜种植过程中很大一部分劳动力投入都是用于喷洒农药，如果转基因番木瓜具有抗病性，则在病虫害爆发时可以减少农药投入，其他劳动投入相对不变的情况下，总的劳动投入必然会减少。表 5.8 统计了 2006—2007 年调查样本农户每公顷转基因番木瓜和非转基因番木瓜的用工数量。我们可以看出，非转基因番木瓜每公顷的用工数量除了稍微高于转基因番木瓜每公顷的用工数量，但从两者的差异性检验的 t 值来看，只有 2007 年转基因番木瓜的每公顷用工数量才稍微显著低于非转基因番木瓜的每公顷用工数量，其他几个统计指标均不显著。主要原因是转基因番木瓜在几个样本区域推广种植的时间不长，缺乏相关的农技推广和转基因技术的知识普及，导致农户沿用过去的种植技术来进行种植。同时，2007 年爆发了比较严重的环斑花叶病毒病，非转基因番木瓜的劳动力投入的工时每公顷大约上升了 30 个工作日，但转基因番木瓜的劳动力投入的工时每公顷反而下降了 19.5 个工作日，且呈现出显著性，这也在一定程度上说明了转基因番木瓜的抗病性。

表 5.8　种植番木瓜劳动力投入（2006—2007 年）

番木瓜品种和差异性检验值	劳动力投入成本（工作日/公顷）		
	2006	2007	平均
转基因番木瓜	777	757.5	802.5
非转基因番木瓜	847.5	874.5	862.5
差异性显著性水平	(1.123)	(1.234)*	(1.076)

数据来源：根据调查数据整理

在对各个样本地区的统计中（见表5.9），转基因番木瓜与非转基因番木瓜在用工投入上差别最大的是鹤山和珠海，种植转基因番木瓜的劳动力投入的工时均比种植非转基因番木瓜的劳动力投入的工时每公顷少180个工作日。廉江地区的农户种植转基因番木瓜的劳动投入和种植非转基因番木瓜的劳动投入相差无几。在问卷调查中，我们发现珠海地区有大规模的番木瓜种植农户，他们的种植技术比较先进，对转基因技术的了解比较详细，同时由于规模效应，其种植转基因番木瓜时投入的成本也就更加合理。鹤山由于当地农技推广做得比较好，因此当地农户在转基因番木瓜种植上的投入也比较符合我们的预期。这也说明当前转基因技术不仅需要推广，更需要普及转基因技术相关知识。

表5.9　样本地区种植番木瓜劳动力投入（2006—2007年）

样本地区	劳动力投入成本（工作日/公顷）		
	2006	2007	平均
番禺			
转基因番木瓜	667.5	786	732
非转基因番木瓜	823.5	819	820.5
高要			
转基因番木瓜	892.5	1 005	952.5
非转基因番木瓜	949.5	1 083	1 029
鹤山			
转基因番木瓜	763.5	828	801
非转基因番木瓜	904.5	1 042.5	982.5
廉江			
转基因番木瓜	846	706.5	816
非转基因番木瓜	873	739.5	822
徐闻			
转基因番木瓜	637.5	570	609
非转基因番木瓜	655.5	709.5	679.5
珠海			
转基因番木瓜	687	811.5	792
非转基因番木瓜	1 108.5	916.5	966

数据来源：根据调查数据整理

比较化肥成本投入，虽然转基因番木瓜对于化肥的使用量没有直接影响，但是由于不同地区样本农户的种植习惯存在差别，不同地区、不同年份的肥料投入也不尽相同，因此不同年份、不同地区样本农户的平均化肥投入量和投入成本也有所不同。为了便于比较，表 5.10 只列出了两种番木瓜品种对比的投入成本，没有列出投入量。

表 5.10 列出了所有样本农户种植转基因番木瓜和非转基因番木瓜的化肥成本投入。我们可以看出，2007 年，种植番木瓜的农户相比于 2006 年在化肥的投入上，无论是转基因品种，还是非转基因品种，单位面积投入的金额都有小幅下降。但这种下降主要是由于 2007 年广东地区遭受台风的侵袭，部分地块上种植的番木瓜被自然灾害摧毁，一些农户没有施肥导致的。

表 5.10　种植番木瓜化肥成本投入（2006—2007 年）

番木瓜品种和差异性检验值	化肥投入成本（元/公顷）		
	2006	2007	平均
转基因番木瓜	8 130	7 530	7 815
非转基因番木瓜	8 850	8 445	8 625

数据来源：根据调查数据整理

表 5.11 列出了样本地区种植转基因番木瓜样本和非转基因番木瓜的农户的化肥投入成本。表 5.11 的数据表明，大多数调查地区农户对两种番木瓜的化肥投入成本差别不大。对比不同地区化肥投入成本的差别，我们发现 2006 年调查的珠海地区种植转基因番木瓜的平均化肥成本最低，番禺次之；同时，我们从表 5.11 中可以发现高要地区种植转基因番木瓜的化肥成本最高，廉江次之。这主要是因为珠海、番禺两个地区自然条件比较其他几个地区更适合种植番木瓜，因此在种植上投入的化肥成本也就普遍比其他几个地区要低。高要和廉江的气候与内陆地区更加相似，也就导致农户在种植转基因番木瓜时存在先天气候上的不足，因此在种植的过程中投入的化肥成本较高。

其他投入成本包括灌溉费用、耕地费用、地膜、生长调节剂和其他一些没有包含在上述项目中的农业生产开支。这些投入虽然不受转基因番木瓜抗病性的直接影响，但由于不同年份和不同地区之间的特点以及不同农户之间种植行为的差别，两种番木瓜品种的这一项投入也有一定的差别。为了便于分析和比较，这里把这些投入按照支出金额相加，以现金投入量进行比较。

表 5.11　样本地区种植番木瓜化肥成本投入（2006—2007 年）

样本地区	化肥投入成本（元/公顷）		
	2006	2007	平均
番禺			
转基因番木瓜	5 865	6 300	6 105
非转基因番木瓜	9 480	7 455	8 340
高要			
转基因番木瓜	9 900	9 255	9 525
非转基因番木瓜	10 560	12 210	11 445
鹤山			
转基因番木瓜	7 785	8 190	8 010
非转基因番木瓜	8 655	8 790	8 730
廉江			
转基因番木瓜	8 940	11 010	9 975
非转基因番木瓜	11 415	12 675	10 665
徐闻			
转基因番木瓜	6 270	4 590	6 135
非转基因番木瓜	6 675	7 575	6 825
珠海			
转基因番木瓜	4 575	4 590	4 590
非转基因番木瓜	9 225	7 320	7 800

数据来源：根据调查数据整理

表 5.12 中的数据表明，农户更倾向于对转基因番木瓜在基本投入（化肥、农药等）基础上追加其他成本投入。在调查年份，样本农户对转基因番木瓜单位面积其他投入平均要比对非转基因番木瓜的其他投入每公顷多 795 元。从趋势来看，2007 年对转基因番木瓜单位面积其他成本投入比对非转基因番木瓜单位面积其他成本投入有上升的趋势。

表 5.12　种植番木瓜其他成本投入（2006—2007 年）

番木瓜品种和差异性检验值	其他投入成本（元/公顷）		
	2006	2007	平均
转基因番木瓜	2 955	3 315	3 150
非转基因番木瓜	1 860	2 790	2 355

数据来源：根据调查数据整理

从表 5.13 中的按地区来统计的种植番木瓜其他成本投入可以看出，番禺和高要的其他成本投入比余下几个地区要多。这主要是由于番禺地区种植农户在租地一项上花费比较多，有部分农户种植番木瓜的土地是租的，每年要交一定的费用。高要地区由于自身气候的原因，需要购买大量的地膜来防止番木瓜种子、种苗在生长过程中被冻死，因此成本较高。同时，我们也可以看出，高要地区农户在种植过程中更加重视对转基因番木瓜的投入。

表 5.13　样本地区种植番木瓜其他成本投入（2006—2007 年）

样本地区	其他投入成本（元/公顷）		
	2006	2007	平均
番禺			
转基因番木瓜	6 855	7 470	7 200
非转基因番木瓜	2 430	6 090	4 425
高要			
转基因番木瓜	6 255	5 205	5 625
非转基因番木瓜	4 095	4 530	4 335
鹤山			
转基因番木瓜	2 115	2 100	2 100
非转基因番木瓜	2 040	2 310	2 190
廉江			
转基因番木瓜	285	450	330
非转基因番木瓜	300	660	405
徐闻			
转基因番木瓜	1 305	1 890	1 545
非转基因番木瓜	1 170	1 230	1 200
珠海			
转基因番木瓜	3 405	2 745	2 910
非转基因番木瓜	2 340	1 395	1 545

数据来源：根据调查数据整理

5.2.3 样本农户种植番木瓜成本收益比较分析

综合上述对样本农户生产行为的基本描述，我们可以进一步计算不同年份和不同地区调查的样本农户番木瓜生产的净收益。这里先分析番木瓜生产成本的构成，再比较调查的不同年份和不同地区样本农户番木瓜生产净收益的差别。

图 5.3 是样本农户番木瓜生产成本的构成，即将番木瓜的生产成本按照投入品的特性分成了劳动力成本、种子成本、农药成本、化肥成本和其他成本共 5 类。其中，劳动力成本和化肥成本所占的比例较高，都在 30%以上。转基因番木瓜农药投入成本所占的比例与非转基因番木瓜农药投入所占的比例基本一致，均为 4%。前面分析过，从调查过程中农民对番木瓜病虫害发生程度的反映可以了解到样本地区的番木瓜病虫害暴发时间和程度不同，而且转基因番木瓜在不同地区的抗病程度不同，这也是农户在番木瓜生产过程中对转基因和非转基因番木瓜农药投入成本基本一致的原因。同时，从图 5.3 中可以看出，转基因番木瓜在种子成本（18%）一项的投入上明显高于非转基因番木瓜的种子投入成本（16%）。

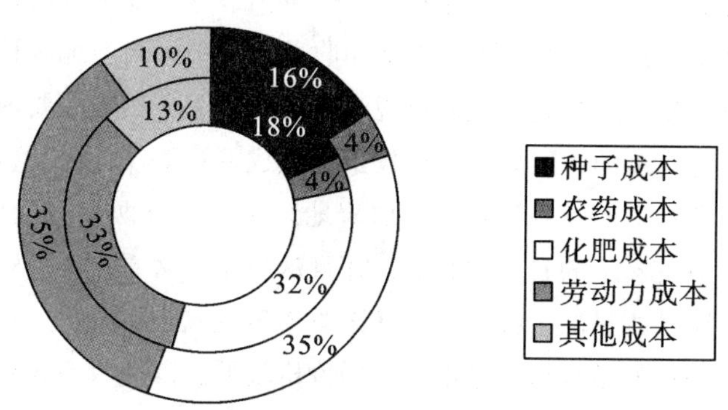

图 5.3　番木瓜种植成本构成

注：内环为转基因番木瓜成本构成，外环为非转基因番木瓜成本构成

利用样本农户番木瓜生产的平均总收益和总成本数据，我们可以计算出调查样本农户的平均净收益。表 5.14 列出了样本地区两种番木瓜生产的总成本和净收益。数据表明，农户种植转基因番木瓜获得的净收益明显高于种植非转基因番木瓜。农户种植非转基因番木瓜的平均净收益是 30 915 元，而种植转基因番木瓜的净收益则为 47 805 元。对样本农户而言，种植转基因番木瓜相对于种植非转基因番木瓜具有更多的收益。因此，从这些样本农户的角度考虑，为了增加种植番木瓜的收入，种植转基因番木瓜品种应该是理性的选择。

表 5.14　番木瓜种植成本收益（元/公顷）

品种	转基因番木瓜	非转基因番木瓜
总收益	72 150	55 350
成本		
种子	4 470	3 900
农药	885	930
化肥	7 815	8 625
劳动力	8 025	8 625
其他成本	3 150	2 355
总成本	24 345	24 435
净收益	47 805	30 915

数据来源：根据调查数据整理

为了进一步分析不同地区转基因番木瓜对于番木瓜生产影响的差异，表 5.14 把调查中既有样本农户种植转基因番木瓜又有农户种植非转基因番木瓜的样本地区的成本收益情况进行比较。可以看出，样本地区种植转基因番木瓜的净收益都高于种植非转基因番木瓜的净收益。其中，高要地区种植转基因番木瓜的净收益最多，这与高要地区重视农技推广有关。尽管高要地区的气候不是最适宜种植番木瓜的，但农户种植技术比较成熟；廉江地区种植转基因番木瓜和非转基因番木瓜的收益都较高；珠海地区由于连续两年遭受台风的侵袭，严重影响了种植番木瓜的农户的收益，并且从收益上来看，种植转基因番木瓜的农户的收益还是明显高于种植非转基因番木瓜的农户的收益；徐闻和鹤山地区的农户主要种植的番木瓜是菜瓜，市场价格较低，因此收益比较其他几个地区明显偏低。

从表 5.15 中可以看出，几个样本地区种植转基因番木瓜和非转基因番木瓜投入的成本基本都在 1 500~2 000 元。其中，徐闻地区的投入成本最低，而高要地区的投入成本最高，这在前面对几项具体的成本投入进行分析时已有所介绍。

由此可见，不同地区之间番木瓜生产的成本和收益情况差别很大。在所有地区，种植转基因番木瓜的经济效益都明显高于种植非转基因番木瓜品种，但是也不能忽视具体年份和地区番木瓜病虫害发生对番木瓜生产的影响。因此，样本农户被调查的年份和所在的地区往往就反映了病虫害发生的严重程度的差异。能否为当地农户提供充足的病虫害监测和预报信息对于转基因番木瓜的推广和管理具有极其重要的意义。在那些环斑花叶病毒病发生程度较轻且当地的非转基因番木瓜又有较好表现的省份，其对转基因番木瓜的大面积推广就会持更为谨慎的态度。

表 5.15　分地区番木瓜种植成本收益情况（元/公顷）

地区	番禺		高要		鹤山		廉江		徐闻		珠海	
项目/品种	转基因品种	非转基因品种	转基因品种	非转基因品种	转基因品种	非转基因品种	转基因品种	非转基因品种	转基因品种	非转基因品种	转基因品种	非转基因品种
总收益	87 045	63 315	96 645	52 560	55 395	50 265	93 000	89 325	55 185	42 600	63 765	38 520
总成本	25 875	24 840	30 120	29 490	24 615	24 720	28 185	24 900	17 625	17 160	22 155	24 960
种子	4 530	3 030	4 215	3 570	5 790	3 315	7 995	3 900	3 330	1 620	5 625	4 650
农药	720	840	465	615	615	750	1 650	1 785	525	720	1 110	1 305
化肥	6 105	8 340	9 525	11 445	8 010	8 730	9 975	10 665	6 135	6 825	4 590	7 800
劳动力	7 320	8 205	10 290	9 525	8 010	9 825	8 160	8 220	6 090	6 795	7 920	9 660
其他成本	7 200	4 425	5 625	4 335	2 190	2 100	405	330	1 545	1 200	2 910	1 545
净收益	61 170	38 475	66 525	23 070	30 780	25 545	64 815	64 425	37 560	25 440	41 610	13 560

数据来源：根据调查数据整理

5.3　农药使用影响因素模型的估计结果及其分析

本节对转基因番木瓜技术采用影响比较大的农药投入部分进行计量模型分析，对前面设定的农药使用影响因素模型进行估计，根据估计结果分析各种因素的影响程度及其含义。我们主要针对转基因番木瓜和非转基因番木瓜对农药使用的影响，分析农药价格对农药使用的影响，分析番木瓜主要病虫害的发生程度对农药使用的影响，分析农户特征变量对农药使用的影响。

表 5.16 是农药使用模型的估计结果。在模型的估计结果中，拟合优度为 0.482 5，并且模型中有关变量的估计系数和显著水平都比较显著，表明该模型的结果稳定，估计结果比较好。我们根据对农药使用影响因素模型的设定和每个自变量系数的估计结果，分别分析各种因素的影响程度及其含义。

表 5.16　农户种植番木瓜农药投入估计结果

因变量：农药使用量	系数	T 值
农药价格（pricepest）	−0.13	(−2.13)**
反映种子品种的变量：		
转基因番木瓜虚变量（gm）	−0.020	(−2. .14)**
农户特征变量：		
年龄（age）	−0.026	(−0.16)
受教育水平（edu）	−0.288	(−3.25)***
村干部虚变量（cade）	−0.671	(−1.99)**
家庭财产（treasure）	−0.000 1	(−0.22)
2007 年种植规模（totaland07）	−0.030	(−2.35)**
反映病虫害发生程度的变量：		
灾害发生虚变量（ifpestr）	0.004	(0.17)
年份虚变量（以 2006 年为参照）：		
2007 年虚变量（y2 007）	0.515	(2.35)**
样本地区虚变量（以番禺为参照）：		
高要（countycode2）	−0.312	(−1.83)**
鹤山（countycode3）	− 0.352	(−0.87)
廉江（countycode4）	0.455	(1.75)*
徐闻（countycode5）	−0.782	(−5.16)***
珠海（countycode6）	0.600	(1.93)**
常数项	1.407	(1.632)*
拟合优度	0.482 5	0.482 5

注：括号内的数字是差异性 t 检验值；***、**、* 分别表示差异性检验的显著水平是 1%、5%、10%；变量后括号里的内容表示计量模型中各个变量的代码

5.3.1　转基因番木瓜对农药使用的影响

分析转基因番木瓜种子特征对农药使用的影响之前，我们首先有必要分析转基因番木瓜推广对农药投入的总体影响。表 5.15 的估计结果表明，农户种植转基因番木瓜要比种植非转基因番木瓜每公顷少投入农药量 300 毫升左右，转基因番木瓜虚变量与农药投入显著负相关。转基因技术将会降低农户在农药方面的投入成本。

5.3.2 农药价格对农药使用的影响

模型的设定中包含了农药价格，2007 年的农药价格被折算为 2006 年的价格水平，这样可以消除价格波动的影响。

模型估计的农药价格的系数都是-0.13，并且显著。说明其他条件一样的情况下，农药价格每增加 1 元，农户将减少 0.2 升农药的使用，农民对于农药价格的变动是很敏感的。这个结果也表明，质量较好的农药投入量也较低。提高农药质量可以减少农药投入量。

在调查中有些农户表示，只要番木瓜发生病虫害就会尽力防治，但受收入水平的约束，他们在决定农药投入种类和数量时，会考虑价格水平的高低。更多的农民喜欢选择买较便宜的农药也证实了估计的结果。

5.3.3 番木瓜主要病虫害的发生程度对农药使用的影响

由于病虫害暴发的程度因时间和地区而异，因此决定农药投入最重要的变量就是当年、当地番木瓜病虫害的发生程度。模型的估计结果表明，2007 年的农药投入量显著高于 2006 年的农药投入量。根据我们的实地调查，当地农民反映 2007 年的病虫害发生强度确实比 2006 年高，同时调查样本农户的农药使用量并不是递增的。该结果与我们前期理论推断认为多年种植转基因品种可能会导致病虫害对转基因产生抗性，从而使得农药使用量逐年递增不符。由于我们调查的时间仅有两年，这还不足以认定环斑花叶病毒病没有对转基因番木瓜产生明显的抗性。

从样本所在地区虚变量的估计结果可以看出（见表 5.16，以番禺为参照），高要、鹤山、徐闻地区样本农户的农药投入量少于番禺地区样本农户的投入量，但仅有高要地区和徐闻地区呈现出显著性。廉江地区和珠海地区样本农户的农药投入量显著多于番禺地区样本农户投入量。这表明廉江地区和珠海地区的番木瓜病虫害发生程度可能较番禺地区更为严重，而高要地区和徐闻地区的病虫害程度较番禺地区轻。在问卷调查中，我们发现徐闻当地农户不太喜欢喷洒农药，这也是造成徐闻地区农药使用量较低的一个原因。廉江地区农户比较喜欢喷洒农药，农户在调查中表示，只要有病虫害出现就马上喷洒农药。反映样本地区农户对病虫灾害发生判断的虚变量不仅不显著，而且系数较小，这也反映了农户缺乏对病虫灾害的预判能力。

5.3.4 农户特征变量对农药使用的影响

农户特征变量中，模型结果表明农户的受教育水平与农药投入量显著负相关，系数为-0.288，说明受教育水平每增加1年，农药投入量会减少约4.32升/公顷。这个估计结果表明受教育水平较高的农户在种植转基因作物的过程中会更合理地使用农药。农户是否为村干部也与农药投入量显著负相关，是村干部的农户比不是村干部的农户平均每公顷少用农药10.05升左右。这主要是由于一般来说村干部是先接触转基因技术的，在新的农作物推广时，需要对有关转基因的种植信息有所了解，对转基因技术的了解比较充分，对转基因技术的优势比较清楚，因此可以使其农药使用趋向合理化。

农户的种植规模与农药投入量呈极显著的负相关关系，种植规模每增加1公顷，每公顷可以减少农药投入0.45升以上。农户适度规模经营可以激励其更合理地进行农业投入，提高水、化肥和农药等投入品的利用效率，以降低生产成本，小规模农户则缺乏节约农业生产成本的意识。

农户的家庭特征变量——农户家庭财产变量与农户种植的农药投入量之间的估计结果不仅系数较小，而且不显著。这也说明了农户的初始财富禀赋对其种植技术上的改进没有多大的影响。

5.4 农户番木瓜生产函数估计结果与分析

本节分别利用C-D生产函数和损失控制生产函数的估计结果分析种植转基因番木瓜对于番木瓜产量的影响。在文献综述中，我们已经指出了C-D生产函数的不足和损失控制生产函数对C-D生产函数的改进。我们在理论框架、方法中也提到过损失控制生产函数的三种常见形式，根据实际估计结果，采用Exponential损失控制生产函数与C-D生产函数的估计结果进行对比，并进一步计算农药和转基因番木瓜对番木瓜产量的影响，其他两种函数形式的估计结果此处不再列出。与非转基因番木瓜品种相比，由于抗病基因的作用，转基因番木瓜可以有效地防治环斑花叶病毒病，保证作物正常生长，而农民对非转基因番木瓜品种环斑花叶病毒病的防治是在番木瓜生长过程中暴发了环斑花叶病毒病以后才喷洒农药，因此两者的农药使用在时间上和用量上都不能相比。也正是由于这一原因，同一地区、同一播种季节转基因番木瓜的产量一般要高于非转基因番木瓜品种的产量。我们在对损失控制生产函数的估计过程中，把Bt虚变量作为“常规”投入品和“损失控制”投入品引入模型中，同时考虑了转基因番木瓜保证产量和控制病虫害的双重作用。因为农药施用量和转基因番木瓜的抗病效果是相互替代的，所以两者之间相互作用，存在着内生性。在估计过程中，为了避免农药施用变量的内生性，我们采用两阶段非线性最小二乘法估计 Exponential 损失控制生产函数。估计的具体步骤是：利用合适的工具变量估计农药施用量模型，利用农药施用模型的回归结果计算农药施用量的估计值；将该估计值作为 Exponential 损失控制生产函数中的农药施用变量，估计每个变量的系数。其中，选择的工具变量分别是农户的生产规模和农户对番木瓜生产的预期损失估计。估计结果见表 5.17。

表 5.17 番木瓜产量（千克/亩）估计结果

因变量：产量	C-D 生产函数	损失控制生产函数
正常投入品：		
劳动力（laborazre）	-30.8（-0.62）	-28.3（-0.53）
化肥（fert）	32.4（2.72）**	30.2（2.69）**
其他成本（otherhare）	37（1.69）*	39（1.72）*
转基因番木瓜虚变量（gm）	376.2（2.56）**	343.2（2.43）**
损失控制系数：		
C_0		5.12（1.93）**
C_{bt}		33.4（0.56）
农药投入量（农药方程估计）	-52.0（-1.2）	
农户特征变量：		
年龄（age）	-13.3（-0.40）	-15.2（-0.52）
受教育水平（edu）	26.5（1.72）*	25.3（1.69）*
村干部虚变量（cade）	4.0（0.25）	3.5（0.21）
家庭财产（treasure）	0.3（0.06）	0.26（0.05）
2007 年种植规模（totaland07）	523.1（2.45）**	498.3（2.34）**
病虫害发生程度变量：		
年份虚变量：		
2007 年虚变量（y2 007）	-154.0（-1.62）*	-143.2（-1.53）*
样本地区虚变量：		
高要（countycode2）	-166.0（-0.40）	-153.0（-0.35）
鹤山（countycode3）	522.0（0.14）	496.0（0.15）
廉江（countycode4）	734.0（0.69）	702.0（0.63）
徐闻（countycode5）	122.0（0.55）	128.0（0.45）
珠海（countycode6）	-478.0（-2.49）**	-456.0（-2.40）**
常数项	625.3（2.62）***	610.2（2.59）***
拟合优度	0.376 3	0.383 2

注：括号内的数字是差异性 t 检验值；***、**、* 分别表示差异性检验的显著水平是 1%、5%、10%；变量后括号里的内容表示计量模型中各个变量的代码

采用的变量主要有正常投入品、损失控制系数、病虫害发生程度变量、农户特征变量，其中后两类变量也就是农药施用模型中的相应变量。我们首先具体分析模型中的各种因素对番木瓜产量的影响，然后根据模型的估计结果分别计算最优的农药施用量和边际产量，最后估算转基因番木瓜对番木瓜产量的影响程度。

5.4.1　一般投入品对番木瓜产量的影响

在 C-D 生产函数和损失控制生产函数的估计结果中，作为基本生产要素的劳动力、化肥和其他成本的系数与显著水平都很接近，其中化肥和其他成本投入与番木瓜产量呈极显著的正相关关系。化肥的弹性为 32.4%，其他成本的弹性为 37%。劳动力对番木瓜产量没有显著影响。

5.4.2　损失控制投入要素对番木瓜产量的影响

本书研究的损失控制投入要素主要有农药投入量和转基因番木瓜。在 C-D 生产函数的估计过程中，农药是将其估计值取对数以后引入的，结果发现农药的弹性系数显著性不高。我们将农药的估计值作为损失控制因素代入 Exponential 损失控制生产函数中进行估计，发现其系数与产量呈比较显著的正相关关系。农药对番木瓜生产的重要性应该是不言而喻的，这个回归结果说明将农药作为普通投入品引入 C-D 生产函数中欠妥，因此为了分析农药对产量的影响，有必要采用其他更合适的函数形式。转基因番木瓜虚变量是同时作为正常投入要素和损失控制投入要素引入损失控制生产函数中的。回归结果表明，作为正常投入要素引入的转基因番木瓜虚变量估计系数极为显著，作为损失控制因素引入的转基因番木瓜虚变量系数不够显著。由于损失控制部分引入的是转基因番木瓜虚变量和农药使用量的乘积，因此说明抗病基因被导入番木瓜种子以后，农药对损失控制的重要性相对下降。

5.4.3　病虫害发生的程度和农户特征对番木瓜产量的影响

在 C-D 生产函数和 Exponential 损失控制生产函数的估计结果中，与种子特征有关的转基因虚变量与产量有显著的相关性，它们都和产量正相关。

反映农户特征的几个变量和调查年份虚变量估计系数及其显著水平差别也不大。其中，受教育水平与种植番木瓜产量呈显著正相关关系，其回归系数为 26.5。种植规模更是与种植番木瓜产量呈现极其显著的正相关关系，其估计系数为 376.2。这也说明了种植规模的提高能够极其明显地提高农户的经济效益。同时，年份虚变量（2007 年）相对于 2006 年与产量呈现显著的负相关关系，估计系数为-154 和-143.2，也基本反映了 2007 年调查样本地区遭受台风侵袭的客观事实。在样本地区虚变量的估计结果中，珠海地区相对于番禺地区产量下降比较显著。这主要是由于珠海地区的番木瓜种植农户基本种植的是水果瓜，产量较一般的菜瓜要低，而且珠海地区的连续两年遭受台风的侵袭。

5.4.4 转基因番木瓜对番木瓜产量的影响

在损失控制生产函数的估计过程中，转基因番木瓜是同时作为正常投入要素和损失控制要素引入模型中的，因此计算转基因番木瓜虚变量对产量变化的影响时，应该包括两部分：正常投入部分和损失控制部分。前面已经给出了 Exponential 损失控制生产函数的计算公式。我们通过对农药因素模型的设定，预估农药投入，可以计算出转基因番木瓜对番木瓜产量变化的边际影响是：

$$\frac{d(\ln Y)}{dDbt} = bbt + \frac{\exp(-cZ)Zci}{1-\exp(-cZ)} = 376.2+33.4=409.6$$

其中来自正常投入部分的是 376.2，占总边际影响的 92%；来自损失控制部分的是 33.4，占总边际影响的 8%。

5.5 转基因番木瓜对经济剩余分配的分析结果

转基因番木瓜在广东地区被大面积推广以来，生物技术决策机构和个人、番木瓜种子经营机构和个人以及广大的番木瓜生产单位和个人都在关心这样一个问题：该技术带来的经济收益在各个机构之间是如何分配的。因为生物技术决策机构需要这方面的信息以确定未来的决策重点，种子经营机构需要这类信息以确定其经营方向和经营重点，而广大的种植番木瓜地区的政府需要根据这些方面的有关数据确定该技术推广种植的范围和比例。

当转基因番木瓜技术推广后，由于番木瓜技术的抗病性，市场上番木瓜产量上升，促使供给曲线右移，从而使市场上番木瓜的价格下降。由于价格的下降将使番木瓜市场的需求上升，总产出和总消费上升，消费者和生产者均获得相应的福利。对于福利在生产者和消费者之间如何分配，需要分析消费者对番木瓜价格的弹性需求和生产者的供给弹性。表 5.18 是本书调查区域所有农户的产量能在市场全部售出，其中的市场价格是对调查样本平均后的市场均值。

表 5.18　调查区域番木瓜总收益

	销售均价（元/千克）	产出（万千克）	总产出（万元）
2006	2.1	635	1 335
2007	1.6	1 041	1 665

数据来源：根据调查数据整理

从5.18中可以看出，调查地区番木瓜在2007年的产出规模明显大于2006年的产出规模。由于产出上升，市场销售均价下降，这给消费者带来了一定的消费剩余。同时，通过比较两年的总产出，2007年种植番木瓜的农户总体获得的收益大于2006年。因此，这表明转基因番木瓜技术的采用带来的番木瓜产量的提高，不仅提高了农民的经济收入，同时也增加了市场上消费者的剩余。由于缺乏具体种子经营机构的种子销售数据，因此本书的经济剩余分析仅限于宏观层面的消费者和生产者之间。

5.6　小结

本章主要研究的内容是农户种植转基因番木瓜后的经济影响、对社会福利分配的影响。根据对上述两方面问题的分析结果，主要结论如下：

第一，通过对生产函数模型的分析，我们发现转基因番木瓜的平均每公顷单产比非转基因番木瓜提高5 640千克左右，因此如果转基因番木瓜大面积被推广，将会带来番木瓜产量的急剧上升。

第二，转基因番木瓜技术采用从一定程度上也降低了种植农户的农药施用量，但不同年份和不同地区农药投入量的减少幅度有所区别。估计的结果表明，在控制其他因素的条件下，农民种植转基因番木瓜的农药投入量并没有随着时间的推移而递增，该结果与有关文献认为多年种植转基因品种可能会导致病虫害对转基因产生抗性，从而使得农药使用量逐年递增的推测不符。由于我们调查的时间仅有两年，因此不足以认定环斑花叶病毒病没有对转基因番木瓜产生明显的抗性。

第三，作为基本生产要素的化肥和其他成本对番木瓜的产量有显著的影响，但系数较小，也可能意味着增加投入，增产效果不大，而且难以增收。实证研究的结果表明，种植农户的受教育程度也会对番木瓜技术采用的经济收益产生一定影响。番木瓜的种植面积也对番木瓜的产量有一定的正向影响。

第四，通过对调查数据的简单统计分析，我们得知样本地区农户种植转基因番木瓜的纯收益比种植非转基因番木瓜的纯收益高50%，也进一步显示了转基因番木瓜的巨大经济效益。

基于传统经济学理论的经济剩余分析，我们发现农户采用转基因抗病番木瓜技术后，大幅增加了全社会的供给，使供给曲线右移，市场价格下降。这不仅使种植农户可以获得更多的收益，同时也使消费者获得一定的消费剩余。

6 转基因蔬菜或水果的消费者意愿研究

转基因食品本身具有特殊性，是否存在影响生态环境和人类健康的潜在危害仍然是争论的首要问题。争论的过程和结论不但会对转基因技术的研究、转基因植物的种植、转基因食品的消费等带来重大影响，而且也会给我国农产品外贸出口和食品安全以及市场管理带来许多不稳定因素。其中，消费者的地位至关重要，他们的选择关系到转基因食品的研发者、生产者和销售者的利益，还会影响政府的政策，乃至整个世界的贸易模式。因此，研究消费者对转基因蔬菜或水果的态度，为转基因食品技术的研究和发展指明方向，为政府完善转基因食品的管理制度，正确推广和宣传转基因技术、转基因知识和转基因产品提供经验。

本书前几章对转基因植物的经济学效益研究是从转基因食品生产者的角度，探讨生产过程产生的经济效益。本章将深入探讨城市消费者对转基因食品的接受程度和消费意愿，通过比较消费者对不同种类转基因食品的态度差异，从而了解消费者的态度并预测其行为，对转基因食品的市场前景做出初步判断，为政府和企业能够更好地把握转基因食品的市场需求动向以及为企业制定经营和销售决策提供依据。

番木瓜是广东地区常见的蔬菜和水果，城市消费者和乡村消费者普遍食用。本章数据来源于笔者参与中国科学院农业政策研究中心（CCAP）主持的“八大转基因生物品种的产业发展战略和政策研究”的工作过程，以及对广东省抗病虫害的转基因蔬菜及水果和延长储存期的转基因蔬菜及水果相关消费者意愿的调查。我们通过对广东省城市家庭的调查数据的统计，判断消费者对转基因技术、国家管理政策的了解情况，分析消费者对转基因番木瓜的接受程度和购买意愿。

6.1 对转基因农产品消费者态度的研究框架

从实证角度分析广东省城市消费者对转基因蔬菜或水果的态度及其影响因素，主要目的是分析城市消费者对转基因番木瓜的认知情况和接受程度，探讨其变化过程和变动趋势。根据上述问题及研究意义，本书的研究内容包括两方面：一是调查广东省城市消费者对转基因技术和转基因蔬菜或水果的认知情况、基本态度，并分析其主要影响因素。二是探讨广东省城市消费者对转基因食品态度的变化过程和变动趋势及其对我国未来转基因技术在农业方面发展的影响，并提出相关政策建议。

根据我国城市居民的消费特点，我们筛选城市消费者对转基因食品的态度及主要影响因素，构建本章的研究框架（见图 6.1）。

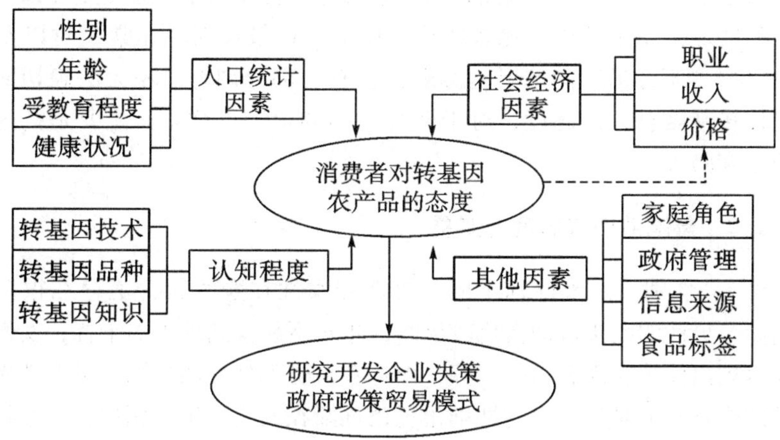

图 6.1 消费者的态度和购买行为研究框架

一般而言，消费者意愿是由人口统计因素、社会经济因素、心理因素和其他因素共同影响着消费者的态度和购买行为。由文献综述可知，心理因素难以进行定量分析，因此本书用认知程度替代心理因素，作为研究的重要因素之一。

消费者态度和消费行为之间有着微妙的差别，消费者口头表达的意愿和实际行为之间往往存在不一致的现象。在做经济分析时，我们考查的是只有当消费者的态度真正转化为实际购买才会形成转基因食品市场的真实需求，只有消费者的真实需求才会对研究开发、企业决策、政府政策以及国内外的贸易模式产生重要影响。因此，本书的研究在调查问卷设计和调查进行中，都特别注意区分这一信息，获得态度和行为不同性质的数据作为分析的基础。

6.1.1 消费者态度模型及问卷的设定

根据研究目的和文献综述，本书设定如下理论模型：

消费者的态度 = f（人口统计因素、社会经济因素、认知程度、其他因素）

在上述模型中，消费者的人口统计因素主要包括年龄、性别、受教育程度和健康状况；社会经济因素主要包括调查对象的家庭职业状况、整个家庭月均可支配收入；认知程度主要包括听说过相关转基因食品的时间；其他因素主要包括调查对象在家庭食品购买的角色、对政府管理能力的信心程度、对不同信息来源的信任程度以及对相关食品标签的关注程度。

为获取消费者对转基因食品的态度这一数据，我们在调查问卷中主要设置如下问题："假如市场存在抗病虫害的转基因蔬菜或水果、延长储存期的转基因蔬菜或水果这两种转基因食品，请问您对这种食品的基本态度是什么？态度分为6种情况：完全接受、比较接受、中立、比较反对、非常反对以及不知道。"其中，"不知道"的选项是考虑到会有一部分调查对象无法确切回答自己对某种转基因食品的态度，对于回答"不知道"的样本，主要是把这部分样本的态度归入"中立"。

6.1.2 影响消费者态度的变量

变量1：性别。由于性别不同，男性和女性在购买行为上存在很多的差异。例如，男性的购买行动会比较果断，相对不易受到外界的干扰；女性购物时往往表现出优柔寡断和精打细算，而且容易受到外界的影响。虽然性别是经常应用的变量，但是传统上的性别角色也逐渐在发生混淆。例如，当今社会已经出现不少事业女性和职业母亲，家庭主妇不再是女性的主要角色；越来越多男性负责上街买菜，充当照顾小孩的角色。可见，在某些产品大类中，没有必要用性别来区分消费者。尽管如此，进行消费者对转基因食品态度的研究时性别仍是必然的变量。

变量2：年龄。消费者对产品的需求和行为方式经常会随着年龄而变化。一般而言，青年人富于幻想，敢于尝试新事物，对富有时代特色的产品往往表现出浓厚的购买兴趣，甚至表现出较强的冲动性；老年人由于阅历丰富，对于新产品往往倾向于保守，尽量选择回避风险，能够理性地审视产品是否有必要购买。可见，年龄可以揭示一系列潜在趋势因素，是影响消费者对转基因食品态度的重要变量。

变量 3：受教育程度。消费者的受教育程度越高，可能具有越强的信息处理能力，对于广告是否带有欺骗性也可能具有越强的识别能力；受教育程度相对低的消费者可能容易受到广告等因素的影响而采取购买行动。受教育程度、职业和收入三者经常有着联系紧密的因果关系，通常拥有高水平教育背景的消费者往往获得更好的职业，而较好的职业往往又带来较高的收入。受教育程度越高，接触和了解转基因技术的机会可能越多，这可以导致消费者对转基因技术的认识和态度差异。

变量 4：健康状况。转基因食品不断研发的目的之一是提高营养价值，减少农药使用，从而改善人体健康。认为自己健康状况较好的消费者可能觉得没必要改变饮食习惯，但是认为自己健康状况较差的消费者往往在选择食品的时候更注重身体状况和营养成分，更有可能去尝试那些改善身体状况和提高营养的转基因食品。

变量 5：职业状况。消费者从事的工作对于其生活方式有很大的影响力，而且不同的职业状况可以反映消费者所处的社会阶层。不同社会阶层的消费者接触的领域不同，关系网络不同，消费方式也有着明显的差异。例如，蓝领工人的食物支出占收入的比重较大，而企业家、银行家等更多地将收入用于娱乐消遣等各种服务。在研究中，我们对调查表中的就业状况和单位性质进行了整理，分为四大类：第一类是不以营利为目的的部门，包括行政和事业单位、非营利性组织或机构；第二类是以营利为目的的部门，包括国有企业、民营企业和自营；第三类为失业；剩余的情况，包括退休人员、学生等归为第四类。

变量 6：收入。作为消费者最基本的资源，收入不但会制约着消费者的购买能力，而且收入的高低依赖于消费者从事的职业，也与其所处的社会阶层有着紧密的联系。收入充裕的消费者在购物时自然比收入微薄的消费者有更多的选择。当然，即使收入差不多，消费者对同一产品的态度、偏好可能会有较大的差异。

变量 7：听说过转基因食品的时间（听说时间）。消费者对食品的认知程度与该食品属性（如口感、新鲜程度等）密切相关。然而，由于大部分的转基因食品并没有真正商业化，消费者缺乏对转基因食品的亲身体验和转基因技术的了解，对是否作出明智的购买决策并不一定有十足的把握，于是就容易产生不确定感，很大程度上影响着消费者的态度和购买行为。过去不少研究都显示，有了解过转基因食品的消费者和没有听说过转基因食品的消费者，他们的态度存在着差别，即使没有听说过转基因食品的消费者，当场被告知转基因食品的相关知识后，其态度也是可能发生改变的。在消费者的认知程度中可以选择的变量并不多，主要以听说过转基因食品的时间作为解释变量之一。

变量8：关于转基因知识的认识水平（认识水平）。在进行入户设计上，我们将有关的转基因知识设为6道题目，并将其划分7个等级，由1到7表示水平的递增。等级的划分由调查对象答对的题目数量为标准。全部答对的为等级7，错一题降低一个等级，一题都没答对的为等级1。很明显，消费者对相关食品的认识将直接影响他们的态度和购买行为。

变量9：家庭食品购买的决策人（购买的决策人）。每个家庭在决定购买什么食品时可能会涉及不同的家庭成员，有的成员主导整个购买过程，有的成员只是提出一般意见。很多时候，家庭产品的购买者不一定是使用者。例如，小孩喝的牛奶可能由他的母亲决定购买牛奶的品牌。如果调查对象作为家庭食品购买的主要决策人，他在购买食品时会占有较大的主动权，尤其是食品的鉴别能力可能比其他家庭成员更为突出，也会考虑到其他成员的口味和健康，对于食品的价格、质量、地点等因素更加敏感。

变量10：对政府（食品管理）的信心程度。由于信息的不对称，消费者在食品交易过程中往往处于被动的位置，政府对于食品的质量安全、信息披露有着极其重要的作用，监督着企业要对消费者的健康和环境保护承担应有的社会责任。如果广大消费者对于政府监督食品安全充满信心，自然会放心地去尝试市场中新推出的转基因食品。我们在调查中设置的问题是："如果政府已经对转基因产品的食物安全性进行了测试，这将增加自己对转基因食品安全性的信心。"我们通过这个问题反映调查对象对政府的信心程度。

变量11：对不同来源信息的信任程度（提供食品信息的来源）。如果信息不完全或者认为信息不可靠，消费者往往因为缺乏信息而对购买决定缺少信心。于是，消费者就会尝试从外界搜集信息，从而增加购买行为的可预见性，减少缺乏信息带来的不确定性。虽然信息产业的飞速发展让消费者获取信息的来源变得多样，但消费者对不同来源的信息真假逐渐形成了个人的看法和判断。

变量12：对食品包装信息的关注程度（食品包装信息）。调查对象越是注意食品包装上的信息，包括生产日期、成分说明和食品标签，表明消费者的风险意识越强。借助这些信息，消费者可以了解该食品是否满足自己或其他家庭成员的健康、口味等需要，形成对某种食品的偏好。

我们结合前人的研究成果和文献综述，对各种影响因素进行变量定义和赋值，并初步提出各种影响因素对消费者态度的预期作用，如表6.1所示。其中，虚拟变量的设定原则是如果有 m 种互斥的属性类型，在模型中引入 $m-1$

个虚拟变量，也就是说需要设定一个基准组。提供食品信息的来源属于多项选择，我们设定的三个虚拟变量并不相互排斥；职业涉及三种情况以上的虚拟变量，职业状况的基准组是以营利为目的的部门，包括国有企业、民营企业和自营。

表 6.1　影响因素对消费者态度的预期作用

影响因素	变量定义和赋值	态度	购买行为
性别(GEN)	虚拟变量,男=1,女=0	+/-	+/-
年龄(AGE)	连续变量,单位:岁	-	-
受教育程度(EDU)	定序变量,小学=1,初中=2,高中=3,职业学校=4,本科=5,本科以上=6	+/-	+/-
健康状况(HEAL)	定序变量,较差=1,一般=2,较好=3,非常好=4	-	-
职业状况			
以非营利为目的的部门($CAREER_1$)	虚拟变量,行政和事业单位、非营利性组织或机构=1,否则=0	+/-	+/-
失业($CAREER_2$)	虚拟变量,失业=1,否则=0	+/-	+/-
其他($CAREER_3$)	虚拟变量,其他消费者=1,否则=0	+/-	+/-
收入(INCOME)	连续变量,单位:百元	-	-
认识水平(KNO)	定序变量,全错=1,答对1题=2,答对2题=3,答对3题=4,答对4题=5,答对5题=6,全对=7	+/-	+/-
听说时间(HEAR)	连续变量,单位:年	-	-
购买的决策人(DEC)	虚拟变量,主要决策人=1,否则=0	-	-
对政府的信心程度(BEL)	定序变量,非常不相信=1,不太相信=2,一般=3,较相信=4,非常相信=5	+	+
提供食品信息的来源			
电视/广播(IMF_1)	虚拟变量,认为可靠=1,否则=0	+/-	+/-
报纸/杂志(IMF_2)	虚拟变量,认为可靠=1,否则=0	+/-	+/-
网络(IMF_3)	虚拟变量,认为可靠=1,否则=0	+/-	+/-
食品包装信息			
生产日期($LABEL_1$)	虚拟变量,留意生产日期=1,否则=0	-	-
成分说明($LABEL_2$)	虚拟变量,留意成分说明=1,否则=0	-	-
食品标签($LABEL_3$)	虚拟变量,留意食品标签=1,否则=0	-	-

6.2 模型的具体形式和估计方法

Logistic 回归模型是对二分类因变量（$y=1$ 或 $y=0$）进行回归分析时最为普遍应用的多元量化分析方法。我们借助 Logistic 回归模型深入分析消费者对转基因食品的态度。Logistic 回归模型的一般形式如下：

$$p(y_i = 1 | x_i) = \frac{1}{1 + e^{-\varepsilon_i}} = \frac{e^{\varepsilon_i}}{1 + e^{\varepsilon_i}} \tag{6.1}$$

$$\varepsilon_i = \alpha + \sum_{k=1}^{k} \beta_k x_{ki} \tag{6.2}$$

$p_i = p(y_i = 1 | x_{1i}, x_{2i}, \cdots, x_{ki})$ 表示为在给定系列自变量 x_{1i}，x_{2i}，$\cdots$，x_{ki} 的值时事件发生的概率，ε_i 被定义为一系列影响事件发生概率因素的线性函数，x_{ki} 为自变量，α 和 β_k 分别为回归截距和回归系数。通过自然对数可以将这个非线性函数转变为线性函数：

$$\ln\left(\frac{p_i}{1 - p_i}\right) = \alpha + \sum_{k=1}^{k} \beta_k x_{ki} \tag{6.3}$$

作为因变量的消费者态度不止有两种选择，包括完全接受、比较接受、中立、比较反对和非常反对五种情况，因此要进一步将 Logistic 回归模型扩展为如下的累积 Logistic 回归模型：

$$y^* = \alpha + \sum_{k=1}^{k} \beta_k x_{ki} + \varepsilon \tag{6.4}$$

y^* 表示观测现象内在趋势，并不能被直接测量；而 ε 为误差项。当实际观测反应变量有 J 种类别时（$j=1, 2, \cdots, J$），需要设置 $J-1$ 个分界点，具体如下：

$$p(y \leqslant j | x) = p(y^* \leqslant \mu_j) = F[\mu_j - (\alpha + \sum_{k=1}^{k} \beta_k x_k)] \tag{6.5}$$

如果 $y = 1$，则 $y^* \leqslant \mu_1$，$p(y = 1) = p(y \leqslant 1)$

如果 $y = 2$，则 $\mu_1 \leqslant y^* \leqslant \mu_2$，$p(y = 2) = p(y \leqslant 2) - p(y \leqslant 1)$

如果 $y = J$，则 $\mu_{J-1} \leqslant y^* \leqslant \mu_2$，$p(y = J) = 1 - p[y \leqslant (J - 1)]$

上述表达式中，$p(y=1) + p(y=2) + \cdots + p(y=J) = 1$。$F$ 表示满足 Logistic 分布的累积函数，参数 β 和参数 μ 可以用极大似然估计法估计出来。

6.3 数据来源和样本构成

本次调研的目的是要充分了解消费者对转基因食品的态度信息。为了顺利完成数据的收集并确保其可靠性，我们在开展调研前做了充分的准备，包括样本的选取、调查方法和调查问卷的设计、调查人员的培训等，并与广东省被作为抽样调查的样本地区相关国家统计部门沟通协调，获得良好有效的配合，以国家统计局城市抽样调查的样本库为基础，随机抽取样本，顺利完成调研工作。

6.3.1 样本的设计及选取

广东省有悠久的番木瓜生产和消费历史，有着不可忽视的市场潜力，这里的消费者态度及影响因素等未知数都值得深入探讨。我们采用了结合分层逐级抽样和随机抽样的选取样本户方法。所谓分层随机抽样，是将样本划分为城市、街道、住户三个层次，然后从各层次中随机抽样。其中，选取样本城市的主要依据是收入水平。我们先将城市按收入水平分为高、中、低三类，然后在这三类中各随机选取 1 个城市，因此一共 3 个城市，我们在广东省随机抽取了广州、中山和梅州。我们借助国家统计局的城市样本库随机抽取该城市的各个街道，进而再随机抽取住户，以加强样本的随机性和代表性，派出调查人员入户进行面对面的交流访问。样本收集的计划是在广州收集样本约 100 份，余下 2 个城市各收集样本约 50 份，一共 200 份样本左右。为了尽可能获得较好的有效样本，每个城市都会做好备选样本的准备，而且尽可能调查备选样本，方便日后的样本整理和筛选。

6.3.2 调查方法和程序

为了能够更为深入和全面地了解样本的情况，得到较为真实和可靠的数据，结合文献综述归纳的调查方法的优缺点，本书的研究采用了面对面的入户问卷调查方法。这样的问卷调查方法，首先需要对调查人员进行相关培训，主要目的是将问题设计的理由和实际意思传达给调查人员，同时调查人员通过培训学会避免引导住户，面对面和一对一地帮助住户理解问题和完成问卷。在调查的过程中，调查人员需要观察并且思考，发现是否缺失某些重要信息或者某些问题需要改动，在问卷结束后检查有无遗漏。在当天调查结束后，调查人员需要相互检查问卷，及时将调查过程中发现的问题反馈给研究人员，而研究人员进行最后的检查和简单的统计，个别问卷有遗漏和问题则需要及时致电调查对象，做到当日问卷当日、当地解决，尽可能地按照预期目标获取较为全面的数据。

在正式调查工作展开之前，我们需要做足大量的前期准备工作，联络各样本城市的街道负责人。一方面，街道负责人协调受访对象的时间，保证抽样的住户能够有充足时间接受调查访问；另一方面，街道负责人带领调查员入户，可以让住户放下戒心，避免不必要的误会。在调查过程中，住户留下姓名和电话是否出于自愿，如果确实有需要更改信息和补充遗漏的问题，也可以通过街道负责人及时联系并解决问题。如果遇到样本住户有突发情况无法完成问卷，我们应及时和街道负责人协调，重新选择调查对象，但一定要注明改换样本住户的原因，以便在数据处理当中采取相应的措施。

6.3.3 调查的主要内容

根据本书的研究目的，调查问卷的主要内容分为三大部分：第一部分是基本情况，包括住户的个体特征，如性别、年龄、婚姻状况、受教育程度等，还有收入、职业以及消费者购买食品时考虑的因素，其中年龄限制在 18 岁以上，为了保证受访对象能够独立接受问卷调查，收入是指这个家庭的月均可支配收入，购买食品时考虑的因素主要是让消费者对已有的选项进行排序；第二部分是认识水平，包括是否听说过相关的专业名词、获得信息的渠道有哪些、一些常识和专业知识的是非题等；第三部分是基本态度，包括住户对两种不同转基因蔬菜或水果的态度，还有对政府信任程度、生态环境保护和标识制度的一些观点与看法等。

6.4 样本的基本情况

6.4.1 样本城市的抽样情况

结合表 6.2 可以清楚地了解，作为知名的大城市样本，广州的年末城镇人口是省内样本最高的，而且城市的人均月可支配收入超过 2 000 元，比其他样本城市都要高。中山和梅州的年末城镇人口虽然较为接近，但中山的人均月可支配收入明显高于梅州，而对于年末城镇人口占总人口比例，中山差不多比梅州高一倍。这也可以从侧面反映中山的收入水平普遍比梅州高，毕竟农村人口较多的梅州意味着更多投入第一产业，而第一产业的收入水平一般低于第二产业和第三产业，因此梅州的人均收入水平自然被拉低。

表 6.2　样本城市的基本指标

城市	广州	中山	梅州
年末城镇人口（万人）	852.9	217.4	191.5
占总人口比例（%）	82.53	86.34	46.2
人均月可支配收入（元）	2 301	1 924	1 093

资料来源：2010 年《广东统计年鉴》

6.4.2　样本户的基本情况

在全体调查人员和研究人员的努力与协作下，我们顺利完成了广东省关于消费者对转基因食品态度的调研，收集到的样本一共 219 份，其中有效样本 205 份。部分样本不采用的原因主要是其出现漏填的选项和明显填错的问题以及受访对象在回答有逻辑关系的问题时出现前后矛盾，但又无法联系受访对象进行补充、更改和追查原因。

表 6.3 和表 6.4 是调查样本的总体情况。

表 6.3　样本的特征指标

样本的特征指标	平均值	标准差	最大值	最小值
性别比例（男：女）	0.71：1			
年龄（岁）	47.1	13.1	82	18
家庭人口（人）	3.44	0.90	6	1
人均月可支配收入（元）	1 804.6	1 218.9	11 000	200

资料来源：根据调查数据整理

表 6.4　样本城市的基本特征

城市	广州	中山	梅州
有效样本数（份）	102	52	51
性别比例（男：女）	0.79：1	1.08：1	0.89：1
平均年龄（岁）	45.7	35.9	46.4
家庭平均人口（人）	3.25	3.25	3.80
人均月可支配收入（元）	2 430.2	1 998.4	1 086.4

资料来源：根据调查数据整理

所有样本的男女比例为 0.71∶1，3 个城市中只有中山的男女比例较为接近，其余两个城市基本是女性调查对象明显多于男性。这一方面是由于男性外出工作的情况比女性多，另一方面受到调查时间和调研经费所限，调查人员大多数只能在上班时间入户调查，从而导致受访对象中女性比例相对较高。另外，所有样本的平均年龄为 47.1 岁，最大和最小年龄分别为 82 岁和 18 岁，3 个城市中梅州的平均年龄最高，约 46.4 岁，中山的平均年龄最小，约 35.9 岁。总样本的家庭平均人口为 3.44 人，人均月可支配收入为 1 804.6 元；广州、中山和梅州样本的人均月可支配收入依次为 2 430.2 元、1 998.4 元和 1 086.4 元，和《广东统计年鉴 2010》的数据基本一致。

详细的广东省样本住户的构成概况见表 6.5。

表 6.5　样本住户的构成概况

样本的特征指标（单位:%）	广东样本比例（N=205）
受教育水平:	
小学	3.42
初中	14.63
高中	40.00
职业学校或相当水平教育	27.80
本科及本科以上	14.15
职业状况:	
行政单位	13.17
事业单位	17.56
国有企业	6.34
民营企业	16.10
自营	10.24
非营利性组织或机构	3.42
退休	17.07
失业	3.90
学生	2.44
其他	9.76
调查对象的健康状况:	
非常好	9.76
较好	49.76

表6.5(续)

样本的特征指标（单位:%）	广东样本比例（N=205）
一般	39.02
较差	1.46
家庭食品购买的决定人:	
受访对象自己为主	53.17
受访对象配偶为主	23.42
受访对象自己和配偶差不多	8.29
其他人	15.12

资料来源：根据调查数据整理

样本住户的受教育程度主要集中在高中，占40%，其次是职业学校或相当水平教育的住户，占27.80%，本科及以上学历占14.15%。小学学历的住户比例最低，为3.42%。至于职业状况，样本户的就业情况，在行政单位、事业单位和国有企业的就业比例占37.07%，而在民营企业就业和自营职业的比例为26.34%。职业状况中的“其他”主要有生病、家务、外企等个别情况。调查对象认为自己健康状况较差的占少数，仅占1.46%，认为健康状况一般的各占约40%，其余主要是健康状况较好。受访对象作为家庭食品购买决定人的比例超过一半。

6.5 对消费者态度调查数据的基本统计分析

基于有效样本，我们对收集的消费者态度相关数据进行基本的统计描述和分析，包括消费者对转基因食品的认知程度、消费者对不同转基因食品的态度。

6.5.1 消费者对转基因食品的认知程度

关于调查对象是否听说过相关转基因技术名词（见表6.6），广东城市调查对象有33.17%的人表示“经常听到”，45.37%的人表示“偶尔听到”，调查对象听说过转基因食品的比例为81.46%。听说过转基因食品的男性比例低于女性比例，60岁及以上的调查对象听说过转基因食品的比例为75%，低于其他年龄组别。随着接受教育程度的提高，听说过4种相关转基因技术名词的比例有明显的递增趋势。在本科及以上教育程度的调查对象中，听说过转基因食品的比例是小学及以下教育程度的比例的 2 倍。人均月收入低于 1 000 元的调查对象听说转基因食品的比例不超过 60%，明显低于其他收入组别。总体上，调查对象的受教育程度越高，收入越高，听说过转基因食品的比例越高。

表 6.6　广东调查对象是否听说过相关转基因技术名词的比例

相关名词	样本数（人）	杂交育种技术（%）	基因（%）	生物技术（%）	转基因食品（%）
总样本：					
经常听到	205	29.76	50.73	18.54	33.17
偶尔听到	205	40.00	40.98	41.46	45.37
只一两次听到	205	3.41	2.44	6.34	2.93
合计	205	73.17	94.15	66.34	81.46
按性别分类：					
男性	96	77.08	95.83	69.79	79.17
女性	109	69.72	92.66	63.30	83.49
按年龄分类：					
≤39 岁（青年）	81	77.78	95.06	74.07	81.48
40~59 岁（中年）	104	70.19	95.19	63.46	82.69
≥60 岁（老年）	20	70.00	85.00	50.00	75.00
受教育程度分类：					
小学及以下	7	28.57	57.14	28.57	42.86
初中	30	60.00	86.67	43.33	66.67
高中	82	65.85	96.34	56.10	84.15
职业学校或相当水平	57	84.21	96.49	85.96	84.21
本科及以上	29	96.55	100	89.66	93.10
按人均月收入分类：					
≤1 000 元	49	61.22	83.67	40.82	59.18
1 001~2 000 元	75	74.67	98.67	76.00	90.67
≥2 001 元	81	79.01	96.30	72.84	86.42

资料来源：根据调查数据整理

根据表 6.7，听说过转基因食品的调查对象有 167 户，听说时间最长的为 30 年，最短的为 1 年，平均听说时间为 5.36 年。

总体上来讲，男性听说转基因食品的平均时间都比女性要长。随着年龄的增长，住户的平均听说时间都呈现递增趋势。一般来说，随着受教育程度的提高，人们的平均听说时间应该大致呈现递增趋势，而样本中虽然受教育程度以高中和职业学校居多，但调查发现高中水平和小学及以下水平样本的平均听说时间相对较长，分别为6.02年和6.33年，而职业学校或相当水平、本科及以上水平样本平均听说时间均低于5年。不过，小学文化水平的样本仅有3个，辨识度有限。人均月收入低于1 000元的样本听说过转基因食品的平均时间为6.31年，远高于其余两个收入组别的平均听说时间。

表6.7　广东调查对象听说过转基因食品的时间统计表

	样本数（人）	平均值（年）	标准差（年）	最小值（年）	最大值（年）
总体情况	167	5.36	4.25	1	30
按性别分类：					
男性	76	5.92	4.82	1	30
女性	91	4.88	3.66	1	25
按年龄分类：					
≤39岁（青年）	66	4.09	2.18	1	10
40~59岁（中年）	86	5.98	4.76	1	30
≥60岁（老年）	15	7.33	6.34	2	22
受教育程度分类：					
小学及以下	3	6.33	3.21	4	10
初中	20	4.9	4.18	2	20
高中	69	6.02	5.5	1	30
职业学校或相当水平	48	4.81	2.66	1	10
本科及以上	27	4.85	2.74	2	12
按人均月收入分类：					
≤1 000元	29	6.31	6.02	2	30
1 001~2 000元	68	5.04	3.77	1	25
≥2 001元	70	5.27	3.8	1	22

资料来源：根据调查数据整理

听说转基因信息的渠道属于多项选择，样本信息渠道大致如下：约75%的样本主要通过电视或广播听到过转基因食品，约55%的样本通过报纸和杂志听到过转基因食品，通过亲戚或朋友听到过转基因食品的样本不多于20%，通过网络听到过转基因食品的样本略高于15%，借助其他的信息渠道包括书籍、从事相关工作、实地了解等听到过转基因食品的比例为2.4%。对于这些渠道提供的有关食品信息的可信度，约64%的样本认为电视或广播可靠，约40%的样本认为报纸或杂志可靠，只有10%的样本认为网络可靠，而且近15%的样本认为都不可信。

虽然样本消费者听说过转基因食品的比例高达81.4%，但这不代表消费者对转基因食品的认识程度会是较高的。调查问卷设计了6道关于生物常识的判断题测试消费者的生物知识水平，结果如表6.8和表6.9所示。

表6.8 对判断问题回答结果的统计表（%）

问题	正确答案	答对比率	答错比率	不知道比率
污水中含有一些细菌	对	92.2	6.3	1.5
孩子的性别是由父亲的基因决定的	对	61	30.2	8.8
转基因番茄中含基因但普通番茄中不含基因	错	38.5	14.7	46.8
人吃了转基因水果其基因会发生变化	错	48.3	10.7	41
把动物基因转入植物体中是不可能的	错	25.4	35.6	39
把鱼基因转入番茄培育的转基因番茄有鱼味	错	36.6	15.6	47.8

资料来源：根据调查数据整理

表6.9 对判断问题的回答情况（%）

	6题全错	答对1题	答对2题	答对3题	答对4题	答对5题	6题全对
广东	2.44	9.76	25.85	24.88	23.90	8.78	4.39

资料来源：根据调查数据整理

我们可以发现，除了第1道判断题容易判断外，其余5道判断题的正确率都偏低。表6.9显示样本普遍答对2~4道题，对于简单的题目如“污水中含有一些细菌”，调查对象回答正确率高达92.2%。但关于基因或转基因食品的问题的正确率不足一半，仅“孩子的性别是由父亲的基因决定的”这个问题除外。选择回答“不知道”的比例基本占到30%。这说明大部分的消费者对转基因食品仍然是非常不了解的。究其原因可能是消费者在电视或报纸杂志上被动地听说或看到转基因食品，却没有兴趣主动了解和尝试转基因食品，相关转基因技术知识的宣传力度不够。诚然，6道判断题有其局限性，只是用于在大致上判断消费者的了解情况，并不足以评价消费者的认知程度。这也给政府和生产企业带来启示：宣传转基因食品的方式必须有所转变，应采取参与式宣传方式等让消费者真正了解转基因食品。

6.5.2 消费者对转基因食品的态度

表 6.10 是以广东省 205 个样本为调查对象，调查其对于转基因蔬菜或水果的态度的调查结果。

表 6.10 广东调查对象对转基因蔬菜或水果的态度（%）

转基因食品（N=205）	完全接受	比较接受	中立	比较反对	非常反对	不知道
抗病虫害的转基因蔬菜或水果	15.1	40.0	28.8	10.3	3.4	2.4
延长储存期的转基因蔬菜或水果	7.8	35.1	26.8	22.9	5.4	2.0
总体平均	11.5	37.6	27.8	16.6	4.4	2.2

资料来源：根据调查数据整理

进一步整理这些数据，我们可以从整体上看出城市消费者对转基因蔬菜或水果表现出积极的态度，如图 6.2 所示。

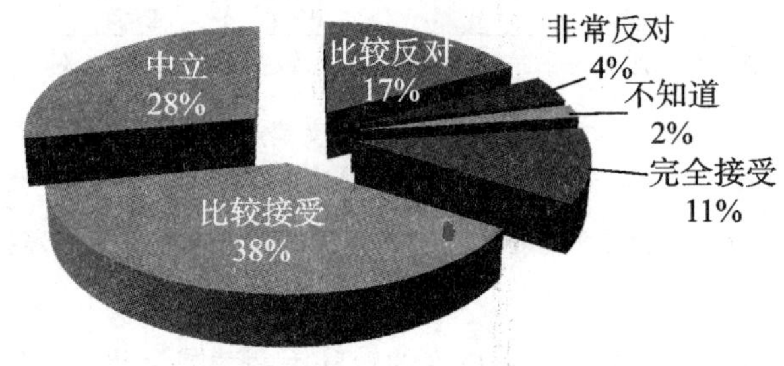

图 6.2 消费者对转基因蔬菜或水果的态度

数据来源：据调查数据整理

消费者对转基因蔬菜或水果的态度完全接受和比较接受的比例合计达到约 49%，非常反对和比较反对的比例合计约为 21%，持既不反对也不接受的中立态度的比例约为 28%。由此可以预见，对于转基因番木瓜的消费者市场细分，有 30%的潜在市场可以开发。

对于不同功能的转基因蔬菜或水果，消费者的态度存在差异。如图 6.3 所示，在持有接受态度的消费者中，对抗病虫害的转基因蔬菜或水果的接受比率大于对延长储存期的转基因蔬菜或水果的接受比率 12.2%；而在持反对态度的比率中，对抗病虫害的转基因蔬菜或水果的接受比率少于对延长储存期的转基因蔬菜或水果的接受比率 14.6%。消费者对抗病虫害的转基因蔬菜或水果的有较高的接受程度。分析这一现象产生的原因，首先，充足稳定的蔬果供应能够满足城市消费者的日常需求；其次，商业网络的发达，使得购买蔬菜或水果越来越方便；最后，更为重要的第三个原因是随着城市消费者经济收入和生活水平的提高，消费者开始追求新鲜或更高品质、营养的蔬菜或水果，而不太在意价格，延长贮存期的转基因蔬菜或水果很可能会比其他类型的蔬菜或水果的新鲜程度和营养程度都差，因此相比较时不受欢迎。这也可以作为目前转基因番木瓜的市场价值判断的有效参考。

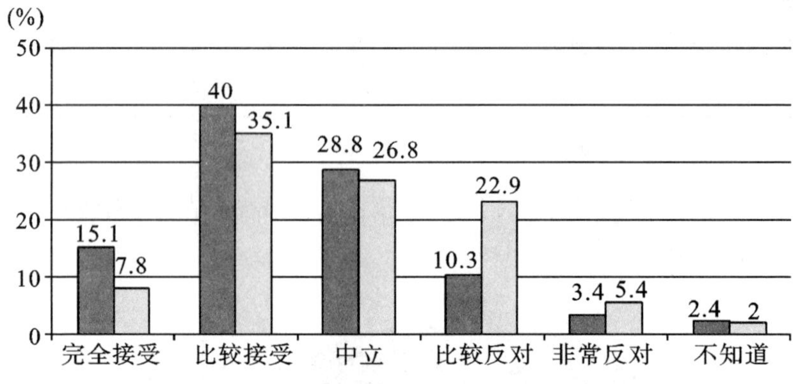

图 6.3 消费者对不同功能转基因蔬菜或水果的态度差异

资料来源：据调查数据计算

广东省的调查对象中对抗病虫害的转基因蔬菜或水果的态度，表示完全接受或比较接受的比例有 55.1%，表示非常反对或比较反对的比例有 13.7%，表示不知道的比例达到 2.4%，持既不反对也不接受的中立态度的比例为 28.8%。我们再考察调查对象对延长储存期的转基因蔬菜或水果的态度，表示完全接受或比较接受的比例有 42.9%，表示非常反对或比较反对的比例有 28.3%，表示不知道的比例为 2%，持既不反对也不接受的中立态度的比例为 26.8%。总之，广东省的消费者得益于地理气候优势，蔬菜或水果常年有新货供应，可以不考虑储存品。

为了剔除信息不完全条件的影响，下面我们将消费者的认知程度和态度简单地联系起来，只对听说过转基因食品的调查对象进行统计，得到表 6.11。有 167 个调查对象听说过转基因食品，与全部样本的统计情况比较，抗病虫害的转基因蔬菜或水果的反对比例下降了 0.5%。可见，“听说过转基因食品”，就是消费者对转基因蔬菜或水果有了一定的了解之后，消费者对转基因食品的态度更趋向于消极。转基因食品到目前为止仍然极具争议。一般来说，听说过转基因食品的消费者或多或少都会了解到转基因食品的利弊，但是食品是关系到生命和健康的，大部分消费者仍然对转基因食品不具有本质上的认识。加上近年来发生的相关食品事件的负面影响，听说过转基因食品的消费者自然会有所保留。政府需要正确引导和加强消费者对转基因食品的了解与信心，转基因食品仍然是具有市场潜力的。

表 6.11　广东省听说过转基因食品的调查对象对转基因食品的态度（%）

转基因食品（N=167）	完全接受	比较接受	中立	比较反对	非常反对	不知道
抗病虫害的转基因蔬菜或水果	15.6	40.7	29.9	10.2	3.0	0.6
延长储存期的转基因蔬菜或水果	7.8	32.9	28.1	24.6	5.4	1.2

资料来源：根据调查数据整理

6.6　计量模型与样本数据分析结果

基于前面的统计描述分析，我们大致了解到城市消费者对转基因食品的态度，探讨了消费者态度和购买行为与各种影响因素的关系。本部分我们借助6.2中的计量模型，进行进一步的探讨和分析。

6.6.1　消费者态度的影响因素计量分析

我们在研究中采用有序逻辑斯谛选择模型（Ordered-Logistic Model），借助SPSS软件整理得到表6.12的Logistic回归结果。

表 6.12　广东省消费者对转基因食品态度的 Logistic 回归结果

变量	抗病虫害的转基因蔬菜或水果	延长存储期的转基因蔬菜或水果
GEN	0.146	0.577
	(0.188)	(2.920)*
AGE	−0.040	−0.038
	(5.797)**	(5.263)**
EDU	0.087	0.296
	(0.244)	(2.847)*

表6.12(续)

变量	抗病虫害的 转基因蔬菜或水果	延长存储期的 转基因蔬菜或水果
HEAL	-0.124	-0.189
	(0.329)	(0.767)
$CAREER_1$	-0.297	-0.853
	(0.779)	(6.351)**
$CAREER_2$	1.745	1.080
	(5.160)**	(2.000)
$CAREER_3$	0.874	0.655
	(5.681)**	(3.261)*
INCOME	0.028	-0.004
	(4.821)**	(0.120)
KNO	0.047	-0.004
	(0.200)	(0.001)
HEAR	-0.030	-0.002
	(0.812)	(0.003)
DEC	0.010	0.311
	(0.001)	(0.857)
BEL	0.077	-0.045
	(0.255)	(0.088)
IMF_1	-0.311	0.378
	(1.029)	(1.542)
IMF_2	0.607	0.535
	(3.903)**	(3.088)*
IMF_3	-0.182	-0.071
	(0.160)	(0.024)
$LABEL_1$	0.340	2.637
	(0.080)	(4.685)**
$LABEL_2$	0.088	-0.456
	(0.049)	(1.336)
$LABEL_3$	0.246	-1.141
	(0.041)	(0.856)

注：括号内为wald检验值，“*”“**”分别表示10%和5%的统计显著水平

数据来源：根据计算结果整理

由于消费者态度分为完全接受、比较接受、中立、比较反对、非常反对以及不知道六种情况，我们将选择“不知道”的样本归入“中立”的样本，态度作为因变量属于多项选择，而且能够进行排序。

6.6.2 人口统计因素对消费者态度的影响

人口统计因素主要考察了性别（*GEN*）、年龄（*AGE*）、受教育程度（*EDU*）和健康状况（*HEAL*）四个影响因素。

广东省样本回归结果表明，年龄对抗病虫害的转基因蔬菜或水果、延长存储期的转基因蔬菜或水果都有显著的负相关性，也就是说，年龄越大的消费者越有可能反对转基因蔬菜或水果，这与预期的影响一致。年轻的消费者倾向于接受新事物，年长的消费者倾向于保守。消费者受教育程度越高，越倾向于接受这两类转基因食品。性别只是在10%的显著性水平下对延长存储期的转基因蔬菜或水果有显著影响，原因是男性与女性在家庭中扮演的角色趋于模糊化，社会地位和家庭分工趋于平等化，女性不再是以前单一的专职家庭主妇，无论男性还是女性消费者，都比以往更注重生活质量。调查对象的健康状况在所有转基因食品中都不显著。

6.6.3 社会经济因素对消费者态度的影响

社会经济因素包括职业状况，即以非营利为目的的部门（$CAREER_1$）、失业（$CAREER_2$）、其他（$CAREER_3$）和收入（*INCOME*）指标。

对于广东省样本，回归结果表明失业人员、退休人员和学生比起其他一般消费者更愿意接受转基因蔬菜或水果。根据回归结果，我们可以按照接受程度从高到低大致进行排序：失业人员、学生和退休等其他类型消费者、国有企业和民营企业的工作人员、行政和事业单位的工作人员。原因可能是对大多数失业背景的消费者而言，他们在生活水平上，包括食物消费的质量方面，相对来说处于较低的层次，这也反映失业背景的消费者希望改变这种状况，这也可能是为什么他们比其他背景的消费者更愿意接受转基因食品。收入只对抗病虫害转基因蔬菜或水果有显著的正相关性。

6.6.4 认知水平对消费者态度的影响

我们考察的是认知水平（*KNO*）和听说时间（*HEAR*）两个变量。对于广东省样本，认知水平对消费者态度的影响基本一致。在前面，我们通过对6道生物常识题进行统计分析，可以发现调查对象回答情况一般，平均答对3题，但是在计量分析中对消费者态度的影响不显著。听说过转基因食品的时间对消费者的态度有显著的负相关性，也就是说，听说过转基因食品的时间越长，消费者越有可能反对转基因食品。一般而言，消费者越早听说过转基因食品，那么他们对转基因食品的相关信息也会了解得越多，而且有关转基因食品的信息都可能会围绕食品安全的争议性，因此他们更有机会接触到较为负面的信息。这也可能是消费者听说时间越长，越会倾向于反对转基因食品的主要原因。

6.6.5 其他因素对消费者态度的影响

我们考察了购买的决策人（*DEC*）、对政府的信心程度（*BEL*）以及提供食品信息的来源，包括电视/广播（IMF_1）、报纸/杂志（IMF_2）、网络（IMF_3），还有食品包装信息，包括生产日期（$LABEL_1$）、成分说明（$LABEL_2$）、食品标签（$LABEL_3$）等指标。

调查对象是否为家庭食品购买的主要决策人对消费者态度没有显著影响。消费者对政府的信任程度与个别转基因食品的态度有显著的正相关关系，毕竟越是信任政府的消费者，自然越放心地去尝试接受产品，也就越能接受转基因食品。至于信息方面，消费者尤其是比较信任报纸或杂志提供的信息，越有可能接受转基因食品；另外，是否留意生产日期、成分说明、食品标签只对个别转基因食品有显著影响，消费者比较在意延长存储期的转基因蔬菜或水果，生产日期指标有显著性。

6.7 小结

第一，广东省的消费者对转基因食品的认识均有所提高，但认识程度仍然停留在表面。在本次调查中，我们发现调查对象有超过80%的人听说过转基因食品，这比以往相关研究的调查数据比例更高，说明广东省的消费者听说过转基因食品的人数已经在逐年增加。在听说的消费者中，平均听说时间分别是5.36年，约80%的消费者的听说时间在3年及以上，占调查样本的比例约为65%。这是一种有利于转基因食品推广与发展的状态。在进行6道生物常识题的测试时，我们发现广东省的消费者所了解的与转基因食品相关的生物知识，比以往的调查情况没有多大的增加，这说明消费者仍然需要加深对转基因食品的了解。毕竟，良好的生物知识基础有助于更好地认识转基因食品。本次调查结果显示，在广东省进一步推广转基因食品是非常有利的。

第二，消费者对转基因食品态度的影响因素有所变化，但变化的程度不大。与以往的研究结论相比，有比较明显变化的是收入不再是影响消费者态度的主要因素，这得益于近年生活水平的普遍提升。消费者对政府的信任程度、转基因食品信息的获取途径仍然对消费者态度具有显著影响。其中，消费者对政府的信任程度需要体现在政府对食品安全的管理能力上，消费者越信任政府的管理，对食品安全越放心，越能接受转基因食品。不同的渠道影响着消费者对转基因食品的认知程度，广东省的消费者获取转基因食品信息的渠道多数是电视广播、报纸杂志，其他渠道的利用较少，可以猜想从不同渠道获取的信息给消费者的印象不同，文字给人们留下的印象更为深刻。听说转基因食品的时间成为又一个主要的影响因素，认识随着听说时间的增加会有一定的积累，这些认识可以来自生活阅历、报纸杂志、电视广播等。对政府的信任程度、各种提供信息的媒体、听说的时间共同影响着消费者对转基因食品的态度。

第三，通过回归结果和前面的分析，我们可以对各种因素的影响程度进行归纳。在广东的样本中，对一半以上转基因食品的态度都有显著影响的因素主要有 4 个，按影响程度从高到低依次排序如下：信息来源、听说转基因食品的时间、职业背景以及年龄。

信息来源和听说转基因食品的时间都是广东省样本的主要影响因素。信息来源的影响程度最高，越信任报纸杂志提供的信息，越有可能接受转基因食品。报纸杂志、电视广播等媒体除了具有宣传转基因食品的基本功能外，还有兼顾对食品安全进行监督的功能，因为媒体通过多年的宣传和监督，积累下来可信度越高，监督效果越明显，消费者自然可以越安心地去食品消费。听说转基因食品的时间是影响程度第二高的因素，而且对消费者的态度都是显著的负相关性。消费者越早听说过转基因食品，接触到负面信息的机会越大，越会反对转基因食品。

职业背景和年龄是广东省样本的主要影响因素。受教育程度、食品包装的成分说明和对政府的信任程度都不是广东省样本的主要影响因素。这一结果与一般判断有偏差，因为从理论上推导，受教育程度的影响程度应该最高，随着消费者受教育程度的提高，对转基因食品的认知程度越高，越应该关注食品成分说明，越有较强的食品安全意识，对极具争议的食品安全应该态度越明确。这里提出了今后应该深入探讨的问题。

7 结论与政策建议

本章将对本书研究进行总结。第一部分将对本书研究的主要结论进行总结。第二部分是在研究结论的基础上提出几点政策建议。第三部分是对研究创新和尚待进一步研究的问题的讨论。

7.1 本书的主要结论

本书的研究通过对广东珠海、番禺、徐闻、廉江、鹤山、高要6县（市、区）的15个乡镇，51个样本村转基因番木瓜种植农户的共238份有效调查数据，分析转基因番木瓜生产者技术采用的影响因素，估计转基因番木瓜在微观层次上对投入和产出的影响；通过对广东广州、中山和梅州3个市消费者对转基因食品消费的有效样本205份调查数据，分析广东省消费者对转基因产品的态度和对转基因食品的购买意愿。基于这些研究，本书得出以下主要结论：

第一，转基因番木瓜商业化产生的影响主要在国内。在农户的微观层面上，转基因番木瓜提高了产量，减少了农药使用量和劳动力投入，对提高农民收入起积极的促进作用。但是也存在着转基因番木瓜种子、种苗市场管理缺失，损害正规种子公司和种植农户的利益；农户的不规范种植方式，使种植番木瓜的成本上升，同时还在一定程度上减少了番木瓜的产出，不利于转基因番木瓜的产业化发展。在宏观层面上，转基因番木瓜商业化改善了消费者的经济福利，显著提高了社会总福利。

第二，在农户的微观层面上，转基因番木瓜提高了产量，减少了农药使用量和劳动力投入，对提高农民收入起积极的促进作用。转基因番木瓜的平均每公顷单产比非转基因番木瓜提高5 640千克左右，农药使用成本平均可以减少120~195元/公顷，劳动力投入可以减少75~150个工作日/公顷，化肥投入成本每公顷可以降低750元左右。但是，农户的不规范种植方式，使种植转基因番木瓜的成本上升，同时还在一定程度上减少了番木瓜的产出，不利于转基因番木瓜的产业化发展。

第三，农户的社会关系网络群体规模对农户的转基因技术采用行为有非常显著的影响。农民的年龄、受教育程度、家庭收入、种植番木瓜的面积和种植经验、对农业信息的获取以及对转基因技术的认知等因素，对农户选择转基因番木瓜技术具有显著影响。随着与农户相互交往的社会关系网络群体的密切程度的增大和范围的逐渐缩小，群体规模对农户技术采用行为的影响程度和强度逐渐增大，农户的本村亲友是对农户技术采用行为影响最显著和强度最大的社会关系网络群体。同时，随着农户居住的密集程度的增大，农户学习和掌握的技术参数信息增多，从而对农户技术采用产生越显著的影响。

第四，消费者对转基因食品的认识均有所提高，但认识程度仍然停留在表面。在本次调查中，广东省的调查对象有超过80%的人听说过转基因食品，这比以往相关研究的调查数据比例更高。在听说过转基因食品的消费者中，约80%的消费者的听说时间在3年及以上，占调查样本的约65%。在进行6道生物常识题的测试时，广东省的消费者所了解的与转基因食品相关的生物知识，比以往的调查情况没有多大的增加。调查结果显示在广东省进一步推广转基因食品是非常有利的。

第五，转基因消费者对转基因农产品的态度在所有因素中具有关键性的影响。消费者越是接受转基因食品，越会倾向于购买转基因食品。消费者对政府的信任、媒体、听说时间同样对购买行为有显著影响，而价格和收入不再是主要的影响因素。消费者对政府的信任程度、各种媒体（也就是转基因食品信息的获取途径），仍然对消费者态度具有显著影响。政府、媒体、消费者自身累积的相关认识，能够增加消费者对转基因食品的接受态度，促进消费者购买转基因食品的行为，最终构成市场需求。

第六，转基因番木瓜的研究过程及其成果的扩散一定程度上处于政府的监管之外。境外转基因番木瓜经多条非正规渠道进入我国，在生产过程中普及使用。在这种背景下，“华农1号”获得安全证书，但在生产实践中采用的番木瓜品种却普遍带有抗病基因。我国转基因番木瓜技术的发展和商业化是一个被动的不得已而为之的过程，这一教训应在当前转基因水稻、玉米、大豆等国家还严格限制的转基因作物商业化管理中引起足够的重视，必须进一步完善转基因技术管理政策和措施。

第七，转基因作物生产及管理环节存在较为严重的问题。转基因作物种子、种苗市场存在“多、乱、杂”问题，比如我们调查统计番木瓜品种就有20多种，而且大多并无明确的区分。在转基因番木瓜种苗培育环节，涉及的单位涵盖了正规的研究院所、推广中心以及私人研究机构或生物公司，这也影响到转基因番木瓜优良生物学特性的保持，同时损害了正规种子公司和种植农户的利益，不利于转基因番木瓜的产业化发展。在转基因番木瓜的销售过程中，从产品产地、产品品质、产品标识等环节都存在缺乏规范化的操作规程的问题。这将损害消费者权益，进而最终影响番木瓜产业的发展。

第八，目前的农业技术推广部门的推广方式落后，农民参与程度低，农业技术推广工作对农户转基因技术采用和扩散的促进作用不太明显。调查和研究表明，农业技术推广部门对于农民需要的技术，如施肥技术、虫害治理等的技术指导和服务不足，而且推广方式单一、方法落后，普遍采用发放农业技术资料的推广方式，对农户的转基因技术采用没有起到明显的促进作用。新型的农业技术推广方式对农业新技术的推广作用显著，农业技术培训班、技术试验示范为当地的农户提供了一个相互交流和学习的平台。

7.2 政策建议

基于本书的研究结果，我们提出如下政策建议：

第一，建立完善转基因产品的法律体系。我国在推进转基因技术发展的同时，也加强了对转基因产品的安全管理。继1993年国家科委发布《基因工程安全管理办法》后，1996年农业部出台了《农业生物基因工程安全管理实施办法》，2001年国务院发布了《农业转基因生物安全管理条例》，不久农业部公布了与之配套的《农业转基因生物标识管理办法》《农业转基因生物进口安全管理办法》和《农业转基因生物安全评价管理办法》，并宣布三个“管理办法”于2002年3月20日生效。针对“转基因加工食品”的标识问题，2002年4月8日，卫生部出台了《转基因食品卫生管理办法》。这些规定对促进我国转基因技术研究与产业化起到了极大的推动作用。但是，从中我们也可以看出，这些管理办法、条例仅仅是由国务院及其下属机构发布的，法律约束力比较弱。在当前的情况下，我国亟须出台一部由全国人民代表大会制定的关于转基因生物技术管理的法律。我国应先制定有关生物安全的法律，如制定一部综合性的转基因生物安全法，然后有计划地制定专门性的转基因生物安全条例、转基因生物体进出口管理条例、生物技术及成果越境转移管理办法、生物工程对环境影响评价和安全评价办法、生物安全标准实施办法等法规。这些管理法规涉及转基因生物技术的研究、试验、开发、保管、运输、进出口、应用、推广、废弃等诸多方面。对转基因的研究、试验、商业化、生产和销售等一系列问题进行立法，不仅可以使我国转基因技术的安全管理列入国家的法律体系，使转基因技术管理更透明、规范和高效，而且可以增强国内消费者对转基因产品的信心，促进我国转基因技术的发展和有效利用。

第二，强化对转基因技术的管理。我国应建立科学的转基因技术管理机制，强化对生物安全的监督管理，改变目前国内生物安全管理部门众多而政出多门的现象。我国应实行国家统一监督管理与部门分工负责相结合、中央监督管理与各地方政府监督管理相结合、政府监督管理与普通公众参与相结合的原则，明确由一个政府部门行使统一的监督管理权，统一协调国内各有关部门和各级政府的生物安全管理工作，做到管理职能不缺位、不错位、不越位。同时，我国要加强各级政府生物安全监督管理部门及其机构建设、队伍建设和监督管理设施的现代化建设。在具体管理手段上，我国应当改变由政府“包办一切”的管理方式，逐步强化相关企业的义务和公民的权利。我国应引入经济激励机制，鼓励相关企业重视转基因生物安全问题。同时，我国应更多地规定消费者在安全性权益受到侵害时的救济途径，敞开公民参与相关社会管理的渠道。制度建设方面，除了一些共同性的环境保护制度之外，我国应通过全国人民代表大会及其常务委员会立法建立健全如下制度：生物技术及产品风险评价制度、转基因产品开发审查制度、生物工程环境影响评估制度、生物技术开发和转基因产品生产许可证制度、转基因产品强制标签制度、转基因技术及产品越境转移通报检查制度、生物技术及转基因生物体的信息交流和发布制度等。

第三，密切关注转基因农产品的生物安全问题。当前，我国在具有自主知识产权基因及生物技术的发掘、高频再生、高频转化、高效表达等方面存在诸多障碍和瓶颈性约束，转基因技术及作物研发缺乏后劲，制约着我国转基因农产品的发展。由于一些发达国家利用知识产权对转基因技术及产品进行垄断保护，操纵市场价格，使得转基因研究和开发相对落后的国家受制于他国。“终止基因”和“化学催化”等技术则对转基因产品使用方构成了巨大的潜在威胁，危及使用方的国家粮食安全。因此，我国必须大力发展自主的转基因技术和转基因生物安全研究技术体系，建立超前的技术贮备，确保我国转基因技术在激烈的国际竞争中占据前沿和主动地位，从而避免使我国成为一些发达国家的转基因技术及其产品的实验场。我国应加强转基因生物安全方面的研究，建立行之有效的转基因生物安全监控体系及监督报告制度，加强对转基因技术及产品的安全检测和评估，科学地掌握和诠释转基因农产品的毒性、抗药性、过敏反应、有益成分损失、降低人体免疫力等关键问题。我国应有效地管理和促进转基因技术产业的规范化发展；同时，努力建设一批高技术含量、高品质、高效益、低污染、生态化的生物技术产业化试验区、转基因产品生态产业园区。我国应在建立科学的监督管理机制、完善的管理手段和健全的安全防范措施的基础上，把转基因技术生物安全问题可能带来的危害降到最低程度。

第四，加强对转基因农产品消费者和生产者利益的保护。目前，科学界对使用转基因农产品给人体带来的影响尚无定论，是否存在不确定因素甚至是潜在风险也无结论。发展生物技术是我国未来农业的重点之一，但开发转基因农产品，不仅要从经济效益方面衡量，还有考虑社会道德等方面的因素，加强对转基因技术及农产品的全方位管理。对不同的转基因农产品，我们要采取不同政策措施，特别是大豆和大豆油、油菜和菜油、大米、花生等涉及人们日常生活的转基因农作物，在其产品销售过程中必须加贴强制性标识，切实保护消费者的知情权和选择权。我们应从研制、种植、生产加工到销售的全过程加强对转基因农产品跟踪管理，监督、控制和预防潜在的不安全因素，避免引发人类的生存危机及对转基因农产品的信任危机。与此同时，农民对种植转基因农产品应该享有知情权和选择权。我们应建立对种植转基因作物农民的政策保护机制，尤其是要建立种植转基因农作物农民的利益生成与保护机制，预防因转基因农作物丰产而伤农的现象出现。我们应引入民间资本、社会资本和外资，借助于资本运作使转基因农产品产业的上下游得到有机整合，形成高效的产业组织架构和有效的转基因农产品营销网络，打造转基因农产品的完整价值链，提高转基因农产品的附加值。

第五，加速转基因技术产业化进程。政府应该有计划地进行转基因技术的研究和推进产业化进程。转基因技术的经济效益巨大，政府应继续加快番木瓜等生物技术的研发和产业化速度。目前关于转基因农作物的研究表明，大部分转基因作物投入生产后，都具有增加产量、节约成本和提高农民收入的特点。本书的研究结果表明，转基因番木瓜的推广种植不仅提高了生产者收入，而且还改善了消费者的经济福利。从这个意义上讲，政府应当加大对转基因作物相关知识的宣传，使农民增强辨别优劣转基因品种的能力，缩小非正规转基因番木瓜品种和劣质转基因品种的销售市场。同时，政府完善法律法规建设，规范种子市场的发展。针对目前农户获取新品种信息主要通过种子公司、农技部门和本村亲友等渠道的特点，控制转基因农作物扩散的关键点在于控制各种子公司对于转基因品种的信息发布和种子供应。政府应严格禁止种子公司向农民提供任何有关没有获得准予商品化应用证书的转基因品种信息，更要严格禁止种子公司向农民提供任何有关没有获得准予商品化应用证书的转基因品种，保障转基因农作物品种产业化在安全、可控下进行。

第六，为农民提供更有效的转基因技术服务。农民自身条件环境影响其选择转基因番木瓜技术，农民的年龄、受教育年限、家庭收入、种植番木瓜的面积和种植经验、对农业信息的获取以及对转基因技术的认知等因素，对农户选择转基因番木瓜技术具有显著影响。这就要求制定转基因技术推广政策和策略时，必须真实面对农民的反映，采取有效的措施实现先进的转基因技术的扩散。我国应加强基层农村农业技术信息的社会化服务体系建设，建立健全畅通高效的农民技术需求信息反馈机制。我国应积极发展基层农村多元化、多渠道、网络化的农业技术需求信息服务体系，充分利用电视、电话、网络等现代化传播媒介和公告栏、农民信箱等形式，积极发挥政府、企业、社会团体、农业技术推广部门等的作用为农户提供多层次、全方位的农业生物技术信息服务。我国应积极培育扶持和发展农民专业技术协会等农民合作组织，加快农业技术的传播和扩散，提高农业生产的科技水平。我国应充分利用农户的社会关系网络群体在技术信息传播、技术学习方面的积极作用，努力培育、扶植和发展基层农民专业技术合作组织；加快组织成员的先进农业生产技术的采用，更重要的是充分发挥组织成员对其社会关系网络成员技术采用行为的影响作用，加快农业技术的扩散和传播，提高先进农业生产技术在广大农民中的普及和采用，促进科学技术向现实生产力的转化。我国应积极推行基层农业技术推广运行机制改革，探索和创新技术推广方式方法。我国应根据农户不同层次的社会关系网络群体成员间技术信息传播和扩散的特点，加强在村级范围内的新品种、新技术的试验示范；采取农民田间学校、农户技术分享会等形式，积极建立和完善农民参与式推广方式。

7.3 研究展望

7.3.1 创新之处

基于上面的分析，本书的研究可能在以下方面有所创新：

第一，本书以转基因番木瓜为研究对象，转基因番木瓜是我国首例大规模商业化生产、可直接食用的转基因农作物，与之前的以转基因水稻生产性试验地区农户调查数据为基础的国内同类研究相比，具有实证研究的充分条件。本书在借鉴国内外相关研究的基础上，开展了广东省转基因番木瓜种植农户的跟踪调查，以此调查数据为基础，在国内首次进行了可直接食用转基因农作物的实证分析和经济学评价，为相关研究提供了重要的基础性参数。

第二，在对转基因农产品消费意愿研究方面，本书在研究中采取城市居民入户调查方式，在观察消费者对转基因农产品态度的同时，注重研究其购买和消费行为，更加明确了消费者的真实意愿，建立了以此次调查数据为基础的数据库。

第三，转基因番木瓜在广东的扩散，是转基因农作物生产者的自主行为，与当前以我国政府推动为主导的农业技术推广模式不同。本书针对转基因番木瓜在广东省技术扩散的现象，以农户技术需求为出发点，研究转基因番木瓜技术扩散影响因素，为相关转基因技术推广提供了研究的新切入点，为政府制定转基因管理对策提供了参考依据。

本书从农户的技术需求出发，到获取技术信息的渠道，再到最后技术采用的整个过程进行了系统分析，形成了一个比较完整的体系，对农民技术需求和采用分析的框架是一次有益的探索。本书对于农户的社会关系网络群体成员共同采用技术的行为进行了细致的分析，并且深入探讨了农户的社会关系群体规模和农户与其社会关系群体成员间相互信息的交流及学习的关系。本书从经济学角度研究了农户社会关系网络的结构规模对农户技术采用行为的不同影响程度和强度，揭示了农户通过社会关系群体学习的技术采用行为规律。

7.3.2 研究不足与下一步的研究方向

本书的研究虽然以实际调查数据为基础，利用基本统计分析和有关经济计量模型，对转基因番木瓜的经济影响和消费意愿进行了较为系统和深入的分析，但也存在着一些不足及有待进一步研究的问题。

第一，调查样本数据的限制。一是本书的研究的农户调查方面，由于不少地方的农户（如高要、珠海等）大都采用了转基因番木瓜技术，使得对照组的非转基因番木瓜样本偏少。二是由于一些地区种植大户的存在，导致样本数据有所倾斜。这需要在以后的研究中，对样本的选择进行调整，通过增加非转基因样本的数量以及对样本的代表性进行选择，从而进一步提高分析的可比性。三是调查的样本主要是2006年和2007年，缺乏连续的追踪调查。今后的研究应进行连续的观测，取得几年的观测数据，深入研究这项技术给农户逐步带来的收益以及对社会造成的福利影响。

第二，研究对象自身因素的限制。本书选择转基因番木瓜作为主要研究对象，因其生产和消费总量小，特别是国际贸易量小，缺乏相关的统计数据，没有讨论转基因技术在国际贸易方面的影响。在经济日益全球化的今天，技术壁垒对极具争议的转基因农产品的国际贸易影响非常大，这也是本书选择转基因番木瓜作为研究对象存在的一个缺欠。在经济影响方面，本书主要进行了转基因生产者的效率分析，没有深入分析转基因番木瓜技术采用后，对宏观经济的总体影响，以及对其他部门、其他国家福利和消费者偏好变动的影响。今后的相关研究应围绕水稻和大豆的转基因技术的应用再做继续讨论。

第三，研究参数和影响因素选择的限制。本书在分析转基因番木瓜经济影响的模型设定中，由于没有直接测定调查年份、调查地区的番木瓜病虫害发生程度指标，采用了一系列的虚变量来反映病虫害对农药使用的影响。考虑到番木瓜病虫害在不同年份、不同地区有差异，设定的几个农药施用模型都分别引入了调查年份虚变量和调查地区虚变量，以此考察病虫害的发生程度，虽然有其合理性，但是不够准确。以后的调查中，我们应考虑搜集有关反应病虫害发生程度的专业数据，使变量的引入更具可信度和说服力。在分析国内消费者对转基因农产品接受程度的框架中，我们没有将转基因产品标识作为独立变量进行分析。尽管转基因产品标识作为食品包装信息的一部分，但是其对消费者传递的信息强度和对消费者消费意愿的引导程度，是其他包装信息所不能够比拟的。我们需要在后续的研究过程中给予这方面更多的关注。

第四，转基因农作物经济主体的限制。在本书的理论框架中，我们提出了转基因农作物经济系统是由多个主体构成的，包括家庭、工农业生产企业、科研单位、政府和国外部门等。在本书的研究过程中，我们只考察了转基因农作物生产者和消费者两个主体，对其他的利益主体只是在研究内容涉及的范围内进行了有限度的考察，因此也就没有完整地分析转基因农作物经济系统各利益主体在转基因技术扩散中的经济影响。我们在开展此项研究的设计阶段，曾考虑通过考察完整的转基因番木瓜产业链条，分析其中利益主体的获利途径，为转基因管理提供有价值的案例。但由于诸多因素制约，这部分的研究工作没有能有效完成。这项研究的深入进行，将会对我国转基因技术立法和管理提供更为丰富的决策参考依据。

参考文献

[1] 范存会，胡瑞法，张彩萍，Bt抗虫棉种植对农药施用的影响［J］. 中国农村观察，2002（5）：2-10.

[2] 范存会，黄季焜，生物技术经济影响的分析方法与应用［J］. 中国农村观察，2004（1）：28-34.

[3] 菲利普·G. 帕蒂. 食物的未来——国际生物技术市场与政策［M］. 温思美，孙良媛，等，译. 北京：中国农业出版社，2002.

[4] 葛立群，吕杰. 消费者对转基因食品的认知态度和购买意愿［J］. 商业研究，2009（8）：189-192.

[5] 国际农业生物技术应用服务组织，OLIVE JAMES. 2014年全球生物技术/转基因作物商业化发展态势［J］. 中国生物工程杂志，2015，35（1）：1-14.

[6] 国际农业生物技术应用服务组织，OLIVE JAMES. 2015年全球生物技术/转基因作物商业化发展态势［J］. 中国生物工程杂志，2016，36（4）：1-11.

[7] 国际农业生物技术应用服务组织. 2016年全球生物技术/转基因作物商业化发展态势［J］. 中国生物工程杂志，2017，37（4）：1-8.

[8] 国际农业生物技术应用服务组织. 2017年全球生物技术/转基因作物商业化发展态势［J］. 中国生物工程杂志，2018，38（6）：1-8.

[9] 黄大昉. 关于植物生物技术的发展与思考［J］. 中国农业科技导报，2002（4）：42-45.

[10] 胡浩，林礼耀，等. 现阶段消费者对转基因食品的认知及购买意愿分析——基于对南京市消费者的调查［J］. 消费经济，2006（1）：44-46.

[11] 黄季焜，等. 现代农业生物技术对中国未来经济和全球贸易的影响［J］. 中国科学基金，2002（6）：324-329.

[12] 黄季焜，仇焕广，等. 中国城市消费者对转基因食品的认知程度、接受程度和购买意愿［J］. 中国软科学，2006（2）：61-67.

[13] 黄季焜. 中国的食物安全问题 [J]. 中国农村经济, 2004 (10): 4-10.

[14] 贾士荣. 转基因植物的环境与食品安全性 [J]. 生物工程进展, 1997 (6): 37-40.

[15] 贾士荣. 转基因作物的安全性争论及其对策 [J]. 生物技术通报, 1999 (6): 1-7.

[16] 刘志强, 王成栋, 等. 济南市消费者对转基因食品的认知态度的调查与分析 [J]. 中国农业科技导报, 2007 (1): 52-58.

[17] 罗志刚, 刘祖云, 黄文昊, 消费者对转基因产品认知度和认可度研究——以南京市普通市民与在校大学生的调查对比为例 [J]. 安徽农业科学, 2010 (29): 21-23.

[18] 马述忠, 黄祖辉. 农户、政府及转基因农产品: 对中国农民转基因作物种植意向的分析 [J]. 卡特动态, 2002 (4): 9-23.

[19] 仇焕广, 黄季焜, 杨军. 关于消费者对转基因技术和食品态度研究的讨论 [J]. 中国科技论坛, 2007 (3): 105-108.

[20] 任佩喻, 等. 番木瓜花叶病毒初步调查研究 [J]. 植物保护学, 1964, 3 (4): 432.

[21] 阮小蕾, 等. 转 PRSV 复制酶基因 T2 番木瓜植株的抗病性测定 [J]. 华南农业大学学报, 2004, 25 (4): 12-15.

[22] 苏军, 黄季焜, 乔方彬. 转 Bt 基因抗虫棉生产经济效益分析 [J]. 农业技术经济, 2000 (5): 26-31.

[23] 苏岳静. 农民抗虫棉技术选择行为及其影响因素分析 [J]. 棉花学报, 2004 (5): 259-264.

[24] 王志刚. 食品安全的认识和消费决定: 关于天津市个体消费者的实证分析 [J]. 中国农村经济, 2003 (4): 41-48.

[25] 肖火根, 等. 华南地区番木瓜环斑病毒和畸形花叶病毒调查鉴定研究 [J]. 华南农业大学学报, 1997, 18 (4): 52-53.

[26] 宣亚南, 周曙东. 关于消费者对转基因农产品认知的调查 [J]. 中国人口资源与环境, 2002 (3): 126-131.

[27] 叶长明, 等. 番木瓜环斑病毒外壳蛋白基因的构建 [J]. 植物病理学报, 1991, 21 (3): 161-164.

[28] 叶长明, 等. 转基因番木瓜的抗病性及分子鉴定 [J]. 遗传, 2003, 25 (2): 181-184.

[29] 张彩萍，黄季焜. 现代农业生物技术研发的政策取向 [J]. 农业技术经济，2002 (3)：23-28.

[30] 张车伟. 营养、健康与效率 [J]. 经济研究，2003 (3)：3-12.

[31] 张启发. 转基因作物：研发、产业化、安全性与管理 [J]. 中国大学教学，2003 (3)：35-40.

[32] 赵志英，等. 核酶基因转化番木瓜的研究 [J] 热带植物学报，1998，19 (2)：20-26.

[33] 钟甫宁，丁玉莲. 消费者对转基因食品的认知情况及潜在态度初探——南京市消费者的个案调查 [J]. 中国农村观察，2004 (1)：22-27.

[34] 周鹏，等. PRSV-CP-SN 转基因番木瓜表达与抗病能力的研究 [J] 热带作物学报，1996，17 (2)：84-87.

[35] 周峰，田维明. 消费者对转基因食品的认识、态度及因素分析：以北京市调查数据为例 [J]. 中国农业经济评论，2003 (1)：266-293.

[36] 朱祯，黄季焜，胡瑞法. 转基因水稻的科学技术进展与商业化分析 [C] //中国生物技术产业发展报告 (2003). 北京：化学工业出版社，203-217.

[37] 朱祯，刘翔. 转基因作物——恶魔还是救星 [J]. 农业生物技术学报，2000 (1)：1-5.

[38] ANDERSON K, S YAO. China, GMOs and World Trade in Agricultural and Textile Products [J]. Pacific Economic Review, 2003, 8 (2): 157-169.

[39] BAU H J, et al. Field Evaluation Transgenic Papaya Lins Carrying the Coat Protein Gene of Papaya Ring Spot Virus in Taiwan [J]. Plant Disease, 2004, 88 (6): 594-598.

[40] CHANG L S. Response of Papaya Cultivars to Inoculation with the SMN Papaya Ringspot Virus Strain [J]. Fruit Varieties Journal, 1996, 50 (2): 80-85.

[41] CONNER A J, T R GLARE, J NAP. Overview of Ecologically Modified Crops into the Environment [J]. The Plant Journal, 2003, 33: 19-46.

[42] FITCH M, et al. Progress in Transgenic Papaya Research: Transformation for Broader Resistance among Cultivars and Micro Propagating Selected Hybrid Transgenic Plants [J]. Acta Hortculturae, 1988, 461: 315-319.

[43] FITCH M, et al. Tran Genetic Papaya Plants from Agro Bacteriumme-diated Transformation of Somatic Embryos [J]. Plant Cell Reports, 1993 (12): 245-249.

[44] FRISVOLD G. Multimarket Effects of Agricultural Research with Technological Spillovers [M]. Cambridge: Cambridge University Press, 1997.

[45] GASKELL G, M W BAUER, J DURANT, et al. Worlds Apart? The Reception of Genetically Modified Foods in Europe and the U. S. [J]. Science, 1999, 16 (6): 384-387.

[46] GIANESSI L, J CARPENTER. Agricultural Biotechnology: Insect Control Benefits [M]. Washington D C: National Center for Food and Agricultural Policy, 1999.

[47] GIANESSI L, J CARPENTER. Agricultural Biotechnology: Updated Benefit Estimates [M]. Washington D C: National Center for Food and Agricultural Policy, 2001.

[48] HAYAMI Y, V RUTTAN. Agricultural Development [M]. Baltimore: Johns Hopkins University Press, 1985.

[49] HERTEL T W. Global Trade Analysis: Modelling and Applications [M]. Cambridge: Cambridge University Press, 1997.

[50] HOBAN T. Consumer Acceptance of Biotechnology: An International Perspective, Nature Biotechnology, 1997 (15): 232-234.

[51] HUANG J, et al. Plant Biotechnology in China [J]. Science, 2002 (25): 8-11.

[52] HUANG J, R HU, H VAN MEIJL, et al. Biotechnology Boosts to Crop Productivity in China: Trade and Welfare Implications [J]. Journal of Development Economics, 2004, 75: 27-54.

[53] HUANG J, R HU, C PRAY, et al. Biotechnology as an Alternative to Chemical Pesticides: A Case Study of Bt Cotton in China [J]. Agricultural Economics, 2003, 29: 55-67.

[54] HUANG J, R HU, S ROZELLE, et al. Transgenic Varieties and Productivity of Small Holder Cotton Farmers in China [J]. Australian Journal of Agricultural and Resource Economics, 2002, 46 (3): 367-387.

[55] Huang J, R Scott, C Pray, et al. Plant Biotechnology in China [J]. Science, 2002, 295 (25): 674-677.

[56] HUANG J, RUIFA HU, HANS VAN MEIJL, et al. Biotechnology Boosts to Crop Productivity in China: Trade and Welfare Implications [J]. Journal of Development Economics, 2004, 75: 27-54.

[57] HUANG J, RUIFA HU, S ROZELLE, et al. Insect-Resistant GM Rice in Farmer Fields: Assessing Productivity and Health Effects in China [J]. Science, 2005, 38: 688-690.

[58] HUANG J, S ROZELLE, M CHANG. Tracking Distortions in Agriculture: China and Its Accession to the World Trade Organization [J]. The World Bank Economic Review, 2004, 18 (1): 59-84.

[59] MATIN Q. Potential Benefits of Agricultural Biotechnology: An Example from the Mexican Potato Sector [J]. Review of Agricultural Economics, 1999, 21 (2): 390-408.

[60] MATIN Q. A Prospective Evaluation of Biotechnology in Semi-Subsistence Agriculture [J]. Agricultural Economics, 2001, 25: 165-175.

[61] MATIN Q, D ZILBERMAN. Yield Effects of Genetically Modified Crops in Developing Countries [J]. Science, 2003, 299: 900-902.

[62] PRAY C, D MA, J HUANG, et al. Impact of Bt Cotton in China [J]. World Development, 2001, 29 (5): 813-825.

[63] PRAY C, J HUANG, R HU, et al. Five Years of Bt Cotton in China: the Benefits Continue [J]. The Plant Journal, 2002, 31 (4): 423-430.